みんなが知りたかった!

マイナンバーで損する人得する人

TAC出版

はじめに

平成28年（２０１６年）１月からマイナンバー制度が実施され、日本に住民票を持つすべての人に、１つずつ番号が付与されるようになります。本書は、マイナンバー制度について、お役所用語でなく誰にでもわかりやすい言葉で解説することを目的としています。

第1部では、制度の基本的な内容や手続きについて述べています。政府は、この制度が「行政の効率化」「国民の利便性」「公平・公正な社会実現」に役立つと説明しています。そして、現段階では「社会保障」「税」「災害対策」の3分野のみで使うと明言しています。第1部では、マイナンバー制度についての政府の発表を噛み砕いて説明しています。

第2部では、表面的なことではなく、マイナンバー制度が実施されたときに、現実に起こる影響について説明しています。個人事業主・法人の場合、富裕層の場合、サラリーマン・年金生活者・フリーター・主婦などの場合と、パターン別にマイナンバー制度への対処法を、生活に密着した情報をもとに解説しています。

第3部の第1章と第2章は、マイナンバー制度導入によって起こりうる経済的な変化について述べています。この制度を実施するにあたり、2年間ですでに2000億円以上の予算が確定し、維持費用としても年間300億円程度かかるとの試算がなされています。その一方、経済効果も、2020年の東京オリンピックに匹敵する3兆円規模になるとの予測もなされています。こういった社会の変化を受けて、私たちがマイナンバー制度にどのように対応したら、損をせずに得をすることができるかを示しています。第3部の第3章では、バラ色の未来と、真逆の暗黒の未来など、マイナンバー制度についての未来予想図を描いています。

本書によって、マイナンバー制度の基本的なことを知っていただき、導入によって予想される損失を回避し、さらに利益を得ることに貢献できれば、これに勝る幸いはありません。

みんなが知りたかった！

マイナンバーで損する人得する人

目次

第1部

マイナンバーを知ろう！

マイナンバーとは何か

マイナンバー（個人番号）は、日本に住民票がある人すべてに、1人1つずつ与えられる12桁の番号のことです。たとえ外国籍であっても住民票があれば、個人番号が交付されます。

マイナンバー制度はなぜ必要か

与えられた個人番号は一生変わりません。しかし、番号が漏えいし、不正利用される恐れがある場合は変更することは可能です。

また、会社や地方公共団体、行政機関や財団法人などには13桁の法人番号が交付されることになります。

では、なぜ、このような番号が必要になったのでしょうか。

一般的に本人確認には、「氏名」「生年月日」「性別」「住所」の4つの要素が使われます。それは、この4つがすべて一致する別人がいるとは考えにくいからです。

　クレジットカードを作ったり、携帯電話の契約でも、本人確認をする際に、この4つのいくつか、あるいは全部を聞かれたという経験は誰もがお持ちでしょう。

　しかし、コンピューターが個人情報を管理するようになると、困ったことが生じます。たとえば、沢口真一さんと澤口眞一さんが同一人物かの判断がコンピューターにはできない場合があります。

　また、東京都千代田区1-1-1と東京都千代田区一丁目1番地1号を違う住所としてコンピューターが認識してしまうこともあるのです。

　さらに、先の4つの基本的な情報のうち、「氏名」は結婚などで変わることがあり、「性別」も現在の日本の法律では変更が可能です。また「住所」は引っ越しなどによって変わります。

　しかし、もし1人1人に番号がついていたらどうでしょう。番号が重複しない限り、コンピューターは、正確に個人認識ができるのです。つまり、マイナンバー制度はコンピューター社会が生み出したものなのです。

□コンピューター管理の弊害

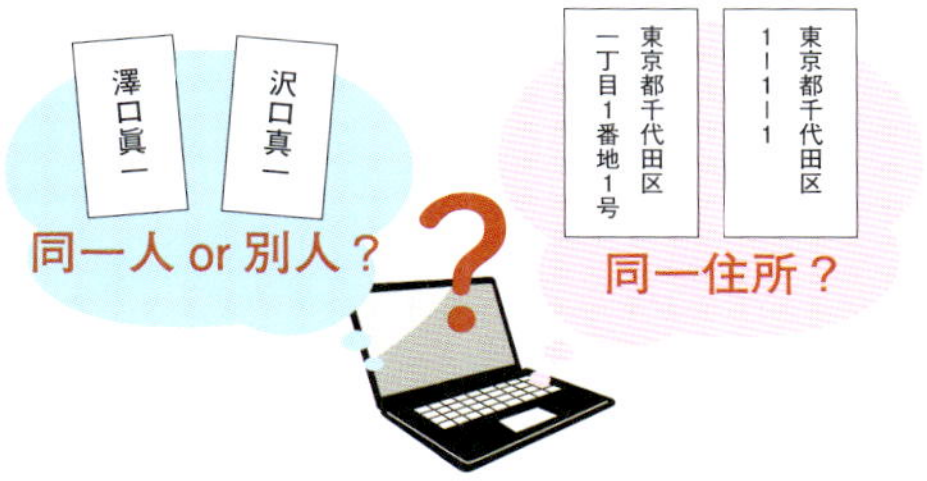

行政機関でバラバラの番号

　行政では、それぞれの機関によって別々の番号を個人につけていました。たとえば、同じAさんの住基カードの番号と年金の番号は違うのです。

　最近、ニュースで報道されている年金の不正受給問題も、この2つの番号の違いが原因で起こっています。死亡届が出されていても、番号が違うため同一人物と認識されず、年金の書類に本人を装ってちょっと書き込むだけで、年金が不正受給できたのです。

　もちろん、調べれば、年金受給者が死亡していることは確認できますが、そのためには膨大な手間がかかるため、ついおろそかになり、このような年金不正受給事件が多発したのです。

　しかし、番号を1つにすれば、瞬時に同一人物かが特定できるので、問題は一気に解決します。こうしたことを可能にしようというのが、このマイナンバー制度です。

マイナンバー制度の法律

　国民を1人に1つの番号を付与して管理するマイナンバー制度は、実施するにあたって法律が制定されています。「マイナンバー法」などと呼ばれていますが、正式名称は「行政手続における特定の個人を識別するための番号の利用等に関する法律」です。

　マイナンバー制度は、この法律と住民基本台帳法と公的個人認証法という関連法案の一部改正などによってできています。

マイナンバー制度の目的

マイナンバー制度の目的は、大きく分けて3つあります。それは、「行政の効率化」「国民の利便性」「公平・公正な社会実現」です。

行政の効率化

行政の効率化とは、簡単にいえば、役所のような官公庁の仕事が効率よく行われるようになることです。

効率化が図られると、時間や人員が節減でき、最終的には、経費、つまりお金が節約できます。このお金は税金ですから、「行政の効率化」が実現できれば、税金の負担が減少し、よりよい行政サービスが受けられるようになります。

さらに、マイナンバー制度が活用されるようになれば、手続きの多くが数字を打ち込むだけになるので、ミスを大幅に

□マイナンバーの目的

①行政の効率化	②国民の利便性	③公平・公正な社会実現
・官公庁の仕事 ・人員の節減	・窓口サービスの簡易化 ・自宅のパソコンからも操作可能	・未納、脱税の防止 ・なりすましの防止

↓

行政の経費（税金）の節減／よりよい行政サービスの実現／税収とりはぐれの防止

減らすことができます。

何かミスをすると、そのミスを探し、訂正するといった時間も手間もかかる作業が必要になりますが、それがグッと減るのです。

ただ、実際に「マイナンバー制度」導入によって、直ちに「行政の効率化」ができるかどうかはわかりません。新制度の導入には、初期費用や人員が必要となるので、初めから経費節減ができるとは考えにくいからです。

国民の利便性

次の「国民の利便性」とは、たとえば役所の手続きがより簡単になるということです。今まではハンコなどを持って役所へ行かなければならなかった手続きが、自宅のパソコンからできるようになるのです。

マイナンバー制度が導入されると、それまで、住民票が必要だった申請が、行政側が住民票の照会をするので、住民票を準備する手間がなくなるなど、利便性が高まるのです。

またICチップが入った個人番号カード（40頁参照）を使えば、一瞬タッチするだけですべての手続きが完了することもあります。

これは切符と磁気カードの違いを考えてみれば、一目瞭然です。切符の場合はそのつど切符売り場に行って、切符を買わなければなりません。行き先を確かめて料金を確認し、お金を投入し、切符を受け取ります。さらにそれを自動改札機で投入し、出てきたものを受け取らなければならないのです。

それに対して、磁気カードは自動改札機をタッチするだけで入場できます。

行政手続きにもこのようなシステムを導入し、国民の利便性を高めようというわけです。

公平・公正な社会実現

3つ目の「公平・公正な社会の実現」ですが、じつはこれがマイナンバー制度の一番の目的かもしれません。

すでに私たちは多くの番号を持っています。運転免許証、年金、健康保険、雇用保険、銀行の預金口座の番号、学生なら学籍番号があります。

しかし、これらはすべて別々の番号です。たとえば、住民票が「１２３４×６７８△０１」、年金が「０１２△－４５６×８９」、雇用保険が「９０×２－３４△６７８９」だとすると、この３つの番号の持ち主が同じ人間であることが証明されるためには、これらを統合して照会する機関が必要になるわけです。

それに対してマイナンバー制度では１人１人にそれぞれの個人番号が与えられるので、本人であることが明白になるのです。

そうなると年金や社会保険などの未納、脱税などを防ぐことができるのです。

また、今の納税の仕組みでは給与所得者、つまりサラリーマンの場合、収入が給与だけであれば、１円たりとも脱税することができません。しかし、たとえば、ある個人事業者が、誰かに給料を支払ったことにして、それを必要経費として計上すれば、その分、税金をごまかすこともできるのです。これはもちろん犯罪ですが、決してありえないケースではないのです。マイナンバー制度を導入すれば、このような不公平が減少すると考えられています。

第1章 マイナンバー制度の仕組み

政府の本音と建前

本音と建前とはよく聞かれる言葉ですが、マイナンバー制度導入にもあるのです。行政がスリムになるのはいいことですが、本当にその理由だけなのでしょうか。

国の借金1000兆円!

平成27年3月末の国の借金は1053兆円近くになっています。これは赤ちゃんも含めて国民1人あたりが、830万円ずつ借金していることになります。

そこで平成26年度の一般会計予算をわかりやすく一般家庭にあてはめて考えてみます。Aさんの世帯では1年間で430万円の収入があるとします。しかし、子どもへの仕送りや住宅ローン返済などで年755万円かかり、325万円不足します。こうした借金が累積して、借金残高が6143万円になっている状態です。このままではダメなことは誰にでもおわかりのことと思います。ではどうすればいいのでしょうか。

じつは、国の財政が逼迫している大きな要因が、入るべきお金が入ってこないことにあるのです。

脱税で財政難に

まず、第1に挙げられるのが、税金です。毎年国税庁の査察によって摘発される脱税総額は150億円ほどですが、これに国税局、税務署の通常の税務調査など全ての摘発分を足すと2000億円にもになります。

日本の財政

平成26年度一般会計予算

税収＋税外収入 54.6兆円 － 一般会計 95.9兆円 ＝ 公債金収入等（借金） 41.3兆円

こうした借金が累積して平成26年度末には…

公債残高780兆円

家計に例えると

1年分の家計

1世帯年収 430万円 － 必要経費総額 755万円 ＝ 不足分＝借金 325万円

こうした借金が累積して…

借金残高6,143万円

しかも、こうした脱税などを調査される企業は全体の3％にも満たないのです。もし仮にすべての企業を調査したら、約6兆6000万円になるかもしれないのです。平成27年度の予算96・3兆円のうち、歳入の税収は約54兆円で、公債費は約36・8兆円ほどですから、税金をすべて適切に徴収できれば、借金を約2割は減らすことができるのです。

ではどうしてすべて調査しないのかというと、調査のために膨大な人件費が掛かってしまうからなのです。もし、マイナンバー制度によって脱税が抑制されれば、国の財政に多大に貢献することになるでしょう。

そのほかにも、厚生労働省の発表によれば、平成25年の国民年金の未納率は約40％です。マイナンバー制度で未納率を低くできるのではないかと期待されています。

生活保護費の不正受給

厚生労働省の発表によれば、平成25年の生活保護費の不正受給は約4万3230件、金額にして186億9000万円ほどになっています。

不正受給の中で一番多いのが、生活保護を受けている人が、どこかで働いて賃金を得ても、それを申告しないケースです。しかし、マイナンバー制度が導入されると、雇用者は源泉徴収票や給与支払報告書に雇った人の個人番号を記さなければならなくなるので、こういうケースはなくなるでしょう。

2番目に多いのが年金をもらっているのに申告しないケースです。生活保護も年金も同じ厚生労働省の管轄ですが、実際に起こっているのです。こういった不正受給もマイナンバー制度になれば、生活保護申請に個人番号が必要となり、瞬時に年金をもらっているかどうかがわかります。

雇用保険または失業給付の不正受給も働いていることを隠して受給するケースが多いので、マイナンバー制度で不正を減らすことができるのです。

諸外国の例

世界的に見ると、日本はマイナンバー制度後発国です。しかし、諸外国の長所や短所を見ていけば、よりよい制度にしていくことができるでしょう。

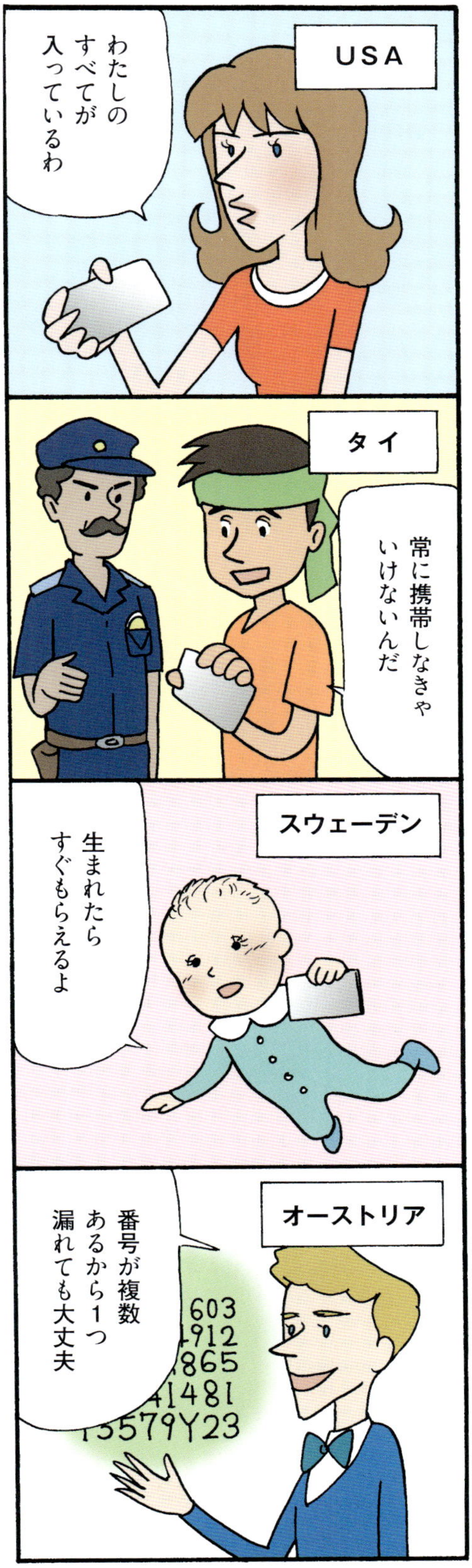
USA
わたしのすべてが入っているわ
タイ
常に携帯しなきゃいけないんだ
スウェーデン
生まれたらすぐもらえるよ
オーストリア
番号が複数あるから1つ漏れても大丈夫

外国の例が参考になる

マイナンバー制度には、大きく3つのタイプがあります。1つはフラットモデルで、これはすべて同一の番号を採用するものです。アメリカ合衆国や、韓国、スウェーデンなどがこれで、日本はこのタイプを目指しています。

次がセパレートモデルです。これは、分野ごとに違う番号をつける制度で、こうすることによって情報が流出したときに、被害を少なくすることができます。ただし利便性は低くなります。ドイツやフランスがこのタイプです。

　最後は2つの折衷案的なものでセクトラルモデルといいます。これは、分野によってつけられる番号が違うが、比較的簡単に番号を連動させることができます。このモデルを採用しているのは、オーストリア、ベルギーです。

アメリカ合衆国の例

　アメリカ合衆国では、ＳＳＮと呼ばれる9桁の社会保障番号が個人番号として使われています。もともとは徴税のためでしたが、今では、銀行口座の開設や病院の受診、民間サービスにも多く使われています。自国民だけでなく、外国人就労者などにも交付されます。

　民間サービスでも、この9桁の番号だけで本人確認ができることが多いので、多くのアメリカ人は自分の番号を暗記しているといわれています。

　さらに、9桁の番号の下4桁だけで本人確認ができる場合もあります。それだけに「なりすまし」事件も頻繁に起こっていて、年間被害額は、５００億ドルにのぼるといわれています。

　使用制限も緩く、たとえばクレジットカード加入の際にその人の医療情報が自動的に記載される場合もあります。

韓国とタイの特殊な例

　韓国の場合は、いまだに北朝鮮とは戦争状態で休戦中であるために、指紋の情報を含む住民登録番号とカードの携帯を義務づけています。

　また、タイでは、バット・プラチャーチョンという身分証が15歳以上のタイ国民に発行されます。タイ国民であることを示すためのもので、常に携帯する義務があり、警官の要求に対して提示しないと身柄を拘束されることもあります。ただし、僧侶は、宗教局から発行される証明書がバット・プラチャーチョンの代わりになります。また、バット・プラチャー

□マイナンバー制度のタイプ

チョンでレンタルビデオが借りられたりもするのです。

スウェーデン、オーストリアの場合

スウェーデンでは、子どもが生まれたら、病院が出生を国税庁に知らせる義務があります。国税庁は、生まれた子どもにＰＩＮという10桁の個人番号を与えることになっています。このため、番号は確実に付与されます。さらに国税庁は関係する官庁に子どもの情報を一斉に通知します。すると、児童福祉サービスの案内が郵送されたり、社会保険庁からは、申請しなくても自動的に児童手当の給付手続きがなされるのです。

オーストリアは、個人情報流出の際の被害を少なくするために、セクトラルモデルを採用しています。つまり、分野ごとに複数の番号を持つので、１つの番号が情報漏れしても、ほかの番号が知られることはありません。優れたコンピューター技術と暗号技術によって、このような方式が可能になっています。

シンガポールの場合

シンガポールでは、国民登録制度と呼ばれる、13桁の番号が与えられます。

これは、国民、永住権所有者、就労許可を受けた在留外国人が対象で、国民登録番号証と呼ばれる、プラスチック製の身分証明書が与えられます。

電子政府のログインＩＤ、強制積立貯蓄制度、税務などに利用されています。

個人番号が使われる場面

個人番号が必要となるのはどんなときでしょうか。個人で使うのは、社会保障、税、災害対策の３分野だけです。私たちが普通、役所へ行って何かを申請したり、受給したりする場合に必要となります。

個人の場合

個人番号が個人で使われる場面は３つしかありません。社会保障と税と災害対策です。

社会保障の分野では、年金、健康保険、雇用保険などに加入や申請するときも、これらを受給するときも、個人番号が必要です。

たとえば年金分野では、年金の資格取得・確認・給付を受ける際に必要になります。

労働分野では、雇用保険等の資格取得・確認・給付を受ける際やハローワーク等の事務等に利用します。

福祉・医療・その他分野では、医療保険の保険料徴収の手続きや、福祉分野の給付を受ける際に利用します。生活保護世帯や低所得者への対応にも必要です。

税金の分野では、国民が税務署に提出する確定申告書、届出書、調書などに個人番号を記載しなければなりません。また税務署の内部事務処理にも利用されます。

災害対策分野では、被災者台帳の作成や、被災者生活再建支援金の支給に関する事務手続きに利用します。

要するに、年金、健康保険、雇用保険などの社会保障、納税に関すること、そして災害時の支援金を受け取るときなど、ほとんどの場合に個人番号が必要になるのです。

私たち1人1人が使うケースでは、個人番号が本人確認に使われることが考えられます。今まで本人確認は、運転免許証などによって行われていましたが、これからはICチップを内蔵した個人番号カードですべて行うことが可能になります。運転免許証を持っていない人にとっては、本人確認は面倒なものでしたが、それも解消されます。さらに、顔写真やICチップによって偽造や変造の危険性も軽減できるのです。

□マイナンバーが個人で使われる場合

社会保障

① 年金／健康保険／雇用保険などの加入、申請、受給時

② 雇用保険等の資格取得・確認・給付、ハローワークの利用

③ 生活保護に関すること

税金

確定申告書／届出書／調書

災害時

被災者台帳の作成時／被災者生活再建支援金の支給に関する事務

民間企業の場合

民間企業でも個人番号を利用するケースが出てきます。まず、社会保障の分野では、年金、健康保険、雇用保険などの書類を提出する際には、個人番号を記載しなければなりません。これは法律上の義務となります。また、企業年金や健康保険組合の届出や保険料の算定、徴収管理、年金の支給管理や医療機関への支払額を算定する場面などにも個人番号は使われます。

税金の分野でも、税務署に提出する法定調書などは、従業員だけでなく、株主の個人番号を記載することが法律上の義務となります。

企業以外に、地方公共団体や行政機関、独立行政法人などでももちろん個人番号を使います。

個人番号がないと何もできない？

このように、マイナンバー制度が導入されると、あらゆる場面で個人番号が必要になります。

ただ、これは手続きが煩雑になったり、不便になったりするわけではなく、今までは、何をするにも住所、氏名、性別、生年月日などをいちいち提示しなければならなかった手続きが個人番号1つでできるようになるということです。

利便性はどう変わる？

マイナンバー制度が導入されると私たちが今まで行ってきた事務手続きが便利になります。まず、社会保障制度は、どう変わっていくのでしょうか。

社会保障制度で便利になる

【従来の方法】

現状では、社会保障の手続きをする場合は、自分が申請したり受給したりしようと思っている関係機関Aへ行って手続きします。しかし、その際にAから、別の関係機関Bで交付するなんらかの書類の提出を求められた場合、自分でその書類をBに取りにいき、再びAに戻って書類を提出しなければなりません。

【導入後の方法】

それがマイナンバー制度導入後は、Aへ行って手続きするだけになります。なぜBに取りに行かなくていいかというと、じつはあなたがAへ行くと、AはBから必要な情報（書類）を受け取ることができるようになっているからです。

つまり、従来はあなたがBへ行って書類を受け取りAに提出するという作業を、AB間のやり取りで済むようになるのです。

それでは行政機関に負担がかかるかというとそうではありません。個人番号さえわかれば、AはBから瞬時にしてあなたに関する情報をパソコンを通じて取得することができるのです。

具体的にいうと、年金や生活保護などの社会保障給付を受ける場合、今まではあなた個人が市区町村に課税証明書を申請・取得し、さらに事業者から源泉徴収票を受けとる必要がありました。その上で関係機関へ申請してやっと目的を達することができたのです。

しかし、マイナンバー制度導入後は、あなた個人は関係機関へ申請するだけ。あとは、市区町村や事業者が連携してやってくれるというわけです。

□マイナンバーで窓口業務が便利になる

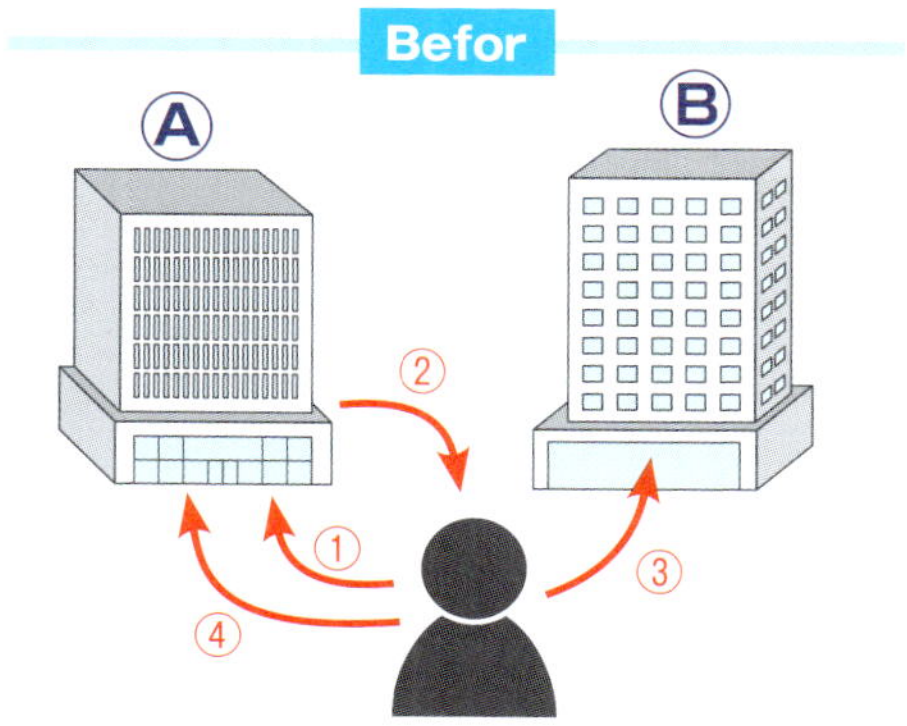

① 関係機関Ⓐに行く
② 必要事項を聞いて帰る
③ 関係機関Ⓑで必要書類を受け取る
④ 再度Ⓐに出向く

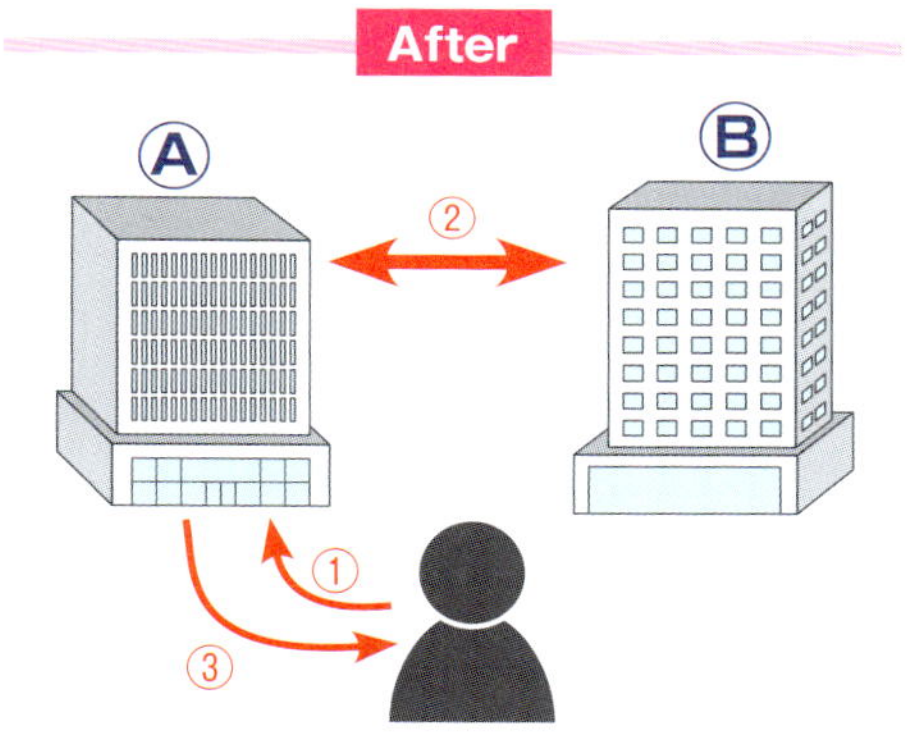

① 関係機関Ⓐに行く
② ⒶとⒷで情報（書類）をやり取り
③ 手続きを１回で終え帰宅

年金・税金面で便利になる

消えた年金問題で顕在化されましたが、公的な社会保障は、本人確認のミスが原因で年金が受け取れないなどの問題も発生します。

たとえば、20歳になった大学生のCさんは、親の管理のもと、国民年金に入ります。そして基礎年金番号が付与されます。

その後、就職したCさんは厚生年金が追加になります。そのため、厚生年金加入の手続きをしなければなりません。その際に、基礎年金番号がわからないと国民年金に加入していたCさんと厚生年金に加入したCさんが同一人物であるか「名寄せ」という作業をしなければならなくなります。

この名寄せは「住所」「氏名」「性別」「生年月日」によって行われるのですが、本人確認ができないと、国民年金に加入していたCさんと厚生年金に加入したCさんは別人ということになってしまうのです。

しかし、マイナンバー制度導入後は、

□名寄せ

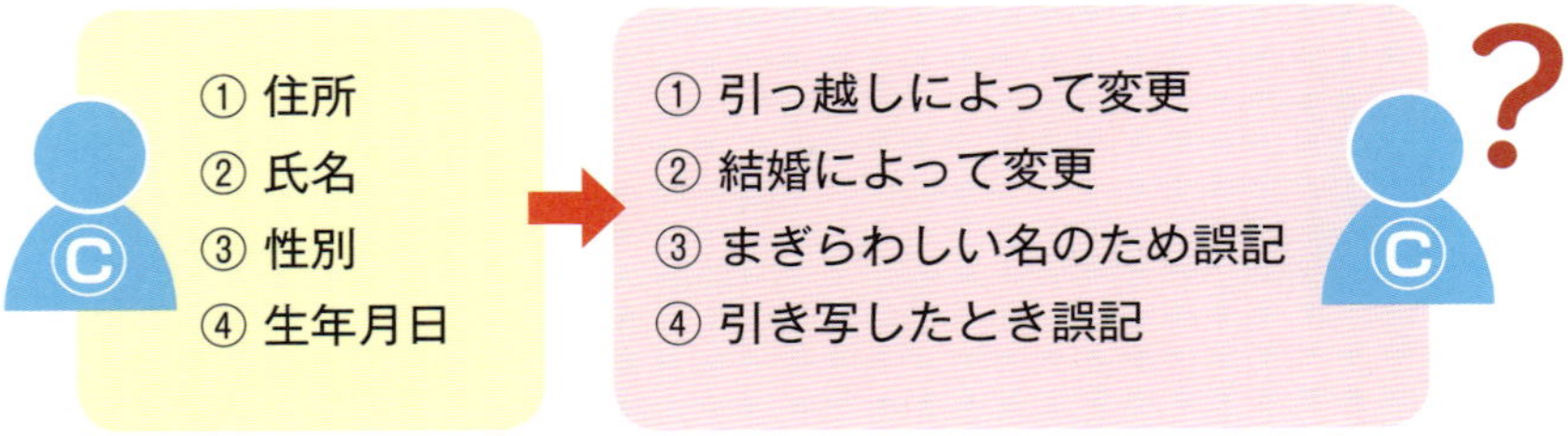

名寄せの必要はなくなります。個人番号1つあれば、国民年金に加入していたCさんと厚生年金に加入したCさんが同一人物であることが瞬時にそして正確に判明するのです。

税金面でも便利になると考えられます。たとえば、今まで住民税の計算を行うときには、役所の税務担当者は、税務当局からは所得税の確定申告書のデータを受け取り、給与所得者以外の人からは住民税申告書を受け取り、あなたが働いている企業からは給与支払い報告書を受け取るのです。さらに年金受給者の場合は、公的年金等支払報告書を受け取らなければ、住民税の計算はできません。その際にこれらの情報がすべて同一人物かを名寄せするのですが、これがうまくいかないと住民税の算出額を間違えるミスが出るのです。マイナンバー制度になれば、このような事態はなくなります。

その他のメリット

自分自身であることを証明することは、一見、簡単なように思われます。会社や学校ではそうだったとしても、これが行政という巨大な機関では違うのです。

個人を正確に特定できる

今まで行政機関では、個人の特定に「住所」「氏名」「性別」「生年月日」の名寄せを使ってきたのは前述のとおりです。

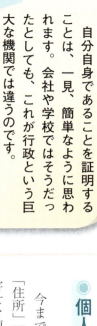

でも、同姓同名くらいならたくさんいます。たとえば「田中実」さんは全国に約2600人もいます。

確かにこの4つの条件が全部同じ別人がいるとは考えにくいでしょうが、条件が変わる可能性が高く、また、記載の際に記入ミスをすることも考えられます。しかし、個人番号があれば瞬時に正確に本人特定ができます。

迅速な被災者支援

震災などの災害時には、その支援は一刻も早いことが大切です。しかし、被災者は他の場所へ避難して生活していることが考えられます。

東日本大震災からは多くの教訓が得られました。この災害では、被災者は、複数の自治体にまたがって、避難所や仮設住宅などに移動して生活していました。

さらに家族がバラバラになってしまったケースも多くありました。そのために自治体が支援を行おうとしても被災者の所在がはっきりしないため支援ができないといった状況が多発したのです。

自治体まで被災者の情報が届かないために、支援が遅れる事態が頻発したのです。

しかし、個人番号があれば、被災者の本人確認がすぐできるので、迅速に支援できることが期待できます。

さらに、個人番号を上手に活用することで、被災者がいくつもの自治体を移動したとしても、今までどんな支援を受けていたのかとか、生活面や健康面でどのような不安を抱えているのかなどの情報を引き継ぐことができるので、その人やその家族にピッタリ合った支援が可能になるのです。

縦割り行政からの脱却

日本の行政の大きな問題点の1つが縦割り行政です。

それを象徴するのが、幼稚園と保育所の関係です。幼児を対象とする機関という点で共通する要素も多いのですが、幼稚園は文部科学省、保育所は厚生労働省の管轄です。

現状、幼稚園は少子化による定員割れとなり、厳しい経営状態にある一方、保育所はご存じのように、多くの待機児童を抱えています。

保育所に入りたい待機児童を幼稚園に入れれば、問題は解決できそうですが、できない理由は先ほど記した縦割り行政がネックになっているからです。また、幼稚園教諭と保育士は別の資格なので、幼稚園教諭が保育所で働くことも、保育士が幼稚園で働くこともできないのです。

住宅問題では、UR賃貸住宅と雇用促進住宅の問題があります。どちらも住宅を建てて人を住まわせることが仕事です。どちらも独立行政法人が母体になっています。ところが、どちらも半分しか入居者がいないという事態が生じているのです。両者が連携・協力して1つの建物を建てたなら、住宅は満室となり、どちらも赤字になったりはしないでしょう。これも管轄が国土交通省と厚生労働省の縦割り行政が弊害になっているのです。

マイナンバー制度が導入されることによって、日本の縦割り行政に一石が投じられ、改善される可能性が出てくるかもしれません。

第1章 マイナンバー制度の仕組み

情報漏えいと一元管理の問題

なりすまし、政府による一元管理、個人番号カードに個人情報が集約される。そういったことが起こらないようにマイナンバー制度では、制度面とシステム面の両方で情報が保護できるように努めています。

国民の懸念

マイナンバー制度が導入されるとさまざまな心配事も生じてきます。代表的なのが次の3つです。

まず「個人番号が記載されている情報も集約されるようになると、情報が盗まれたときに、その人物のプライバシーすべてが丸裸になってしまうのではないか」という心配です。たとえば、個人番号から保険証の番号がわかると、その人の病歴などが明らかになってしまう可能性もありますし、預貯金の口座がわかってしまえば、犯罪者のターゲットになる確率も高まります。

２つ目は「なりすましによって他人になりすまされ、被害を受けるのではないか」という不安です。実際にマイナンバー制度を実施している国でも、なりすまし犯罪が、多発しています。勝手に銀行口座を開設されたり、クレジットカードやパスポートを作られたり、知らないうちに婚約届を出されてしまった例もあるそうです。

そして３つ目が、「個人番号によって

その人のさまざまな情報が集約され、国家に一元管理されるのではないか」という懸念です。

たとえば、個人番号カードに前科を記録しておけば、犯罪再発防止に役立ち、指紋情報を記録すれば、犯罪捜査のときに威力を発揮するでしょう。そうなる可能性は皆無とはいえないのです。

こういった懸念を払拭するために政府は、制度面の保護措置とシステム面の保護措置の2つに分けて情報漏えい防止に努めているのです。

制度面とシステム面の保護措置

制度面の保護措置では、法律に規定があるものを除き、利用や収集を禁止しています。また、規定に従って本人確認をすることや、特定個人情報保護委員会という組織が監視・監督を行っていて、罰則も強化されています。さらにポータルサイトという制度ができ、いつ誰がなぜ使ったかが確認できるため、不正使用のチェックができる仕組みになっています。

□国民の懸念

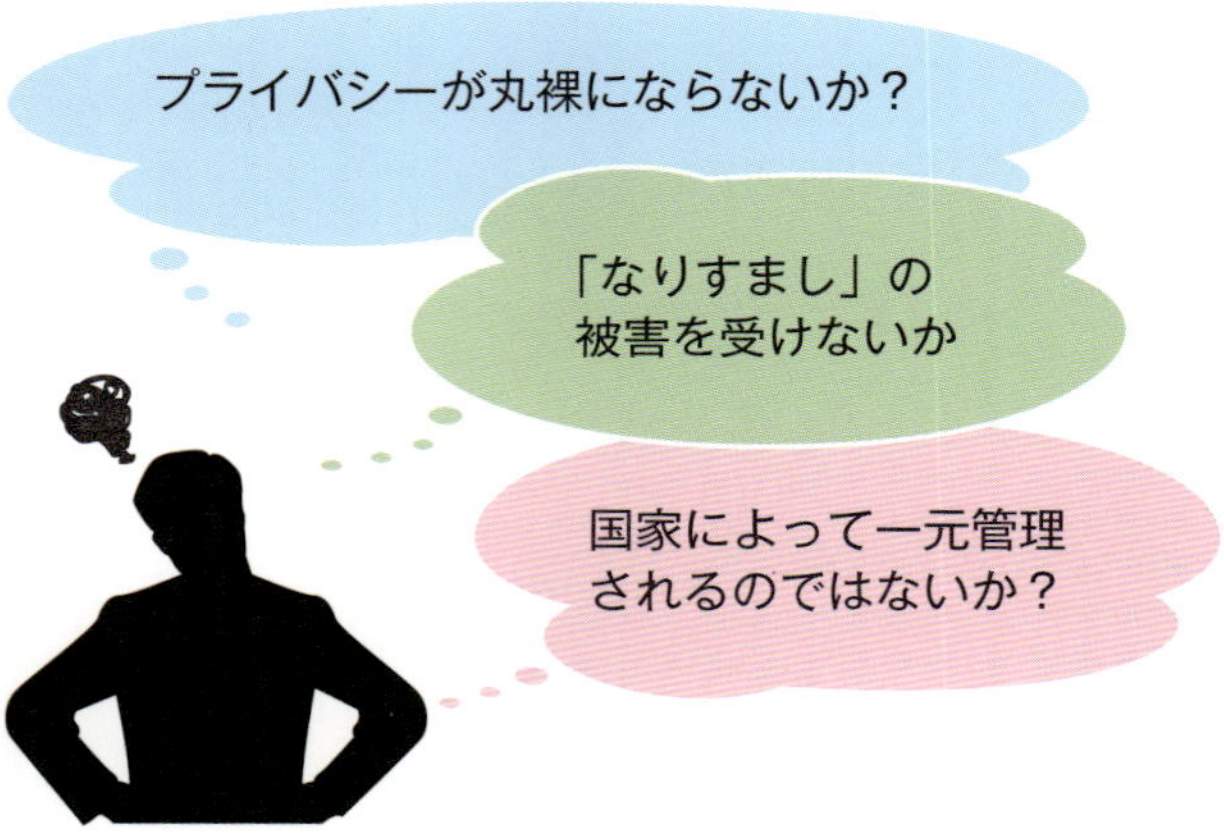
プライバシーが丸裸にならないか？
「なりすまし」の
被害を受けないか
国家によって一元管理
されるのではないか？

システム面での保護措置としては次のようなことが実施される予定です。まずは、分散管理です。日本のマイナンバー制度では、情報は一元管理ではなく、分散して管理します。

つまり、その人のデーターベースがあってそこから必要な機関に提供するのではなく、情報はそれぞれの機関が管理していて、必要なときだけ情報交換をするというシステムになっているのです。

また、情報にアクセスできる人は制限され、管理されています。さらにメールなどで通信する場合には、情報を暗号化することになっています。

なりすましを防ぐために、個人番号取得の際には、本人確認を徹底することになっています。

個人番号を取得するためには、個人番号カードを提示するか、通知カードか個人番号が記載されている住民票が必要になります。さらに身分を証明する運転免

□マイナンバー制度の保護措置

① 分散管理

→ それぞれの機関が管理して必要なときだけ情報交換

② 情報にアクセスできる人を制限

③ メールなどで送る場合は、暗号化を義務づける

許証かパスポートが原則的に必要になります。

また個人番号カードのＩＣチップに記載できるのは、氏名、住所、生年月日、性別、個人番号、本人の写真、それに総務省令で定められた事項や市区町村が条例で定めた事項等に限られています。

《個人情報の管理の方法について》

✕	番号制度が導入されることで、各行政機関などが所有している個人情報を**特定の機関に集約**し、その集約した個人情報を各行政機関が閲覧することができる**『一元管理』**の方法をとる
○	番号制度が導入されても、従来どおり個人情報は**各行政機関などが保有**し、ほかの機関の情報が必要となった場合には、番号法別表第二で定められものに限り、情報ネットワークシステムを使用して、情報の照会・提供を行うことができる**『分散管理』**の方法をとるものである

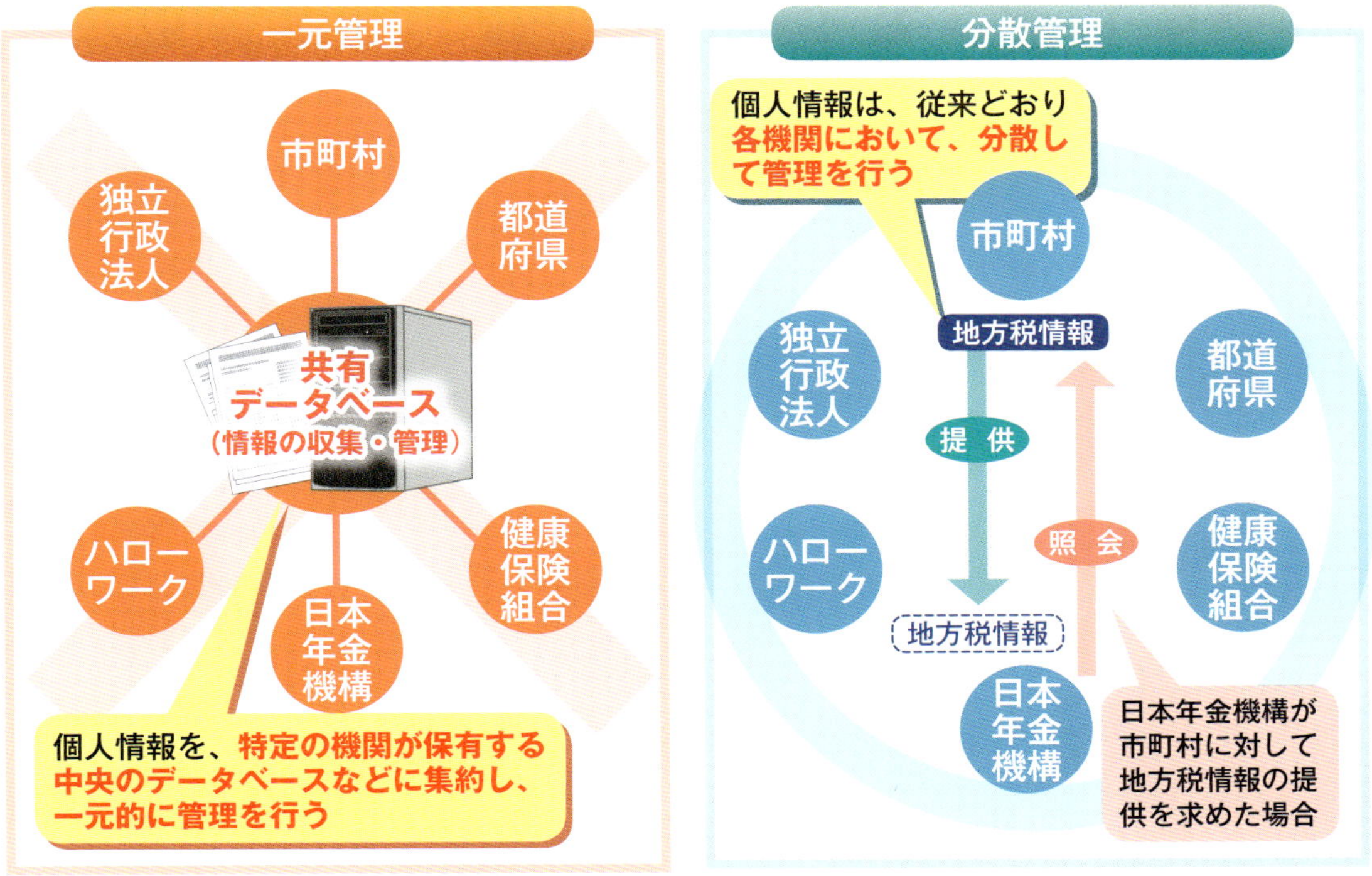

＊内閣官房社会保障改革担当室の資料をもとに作成

特定個人情報保護委員会の役割

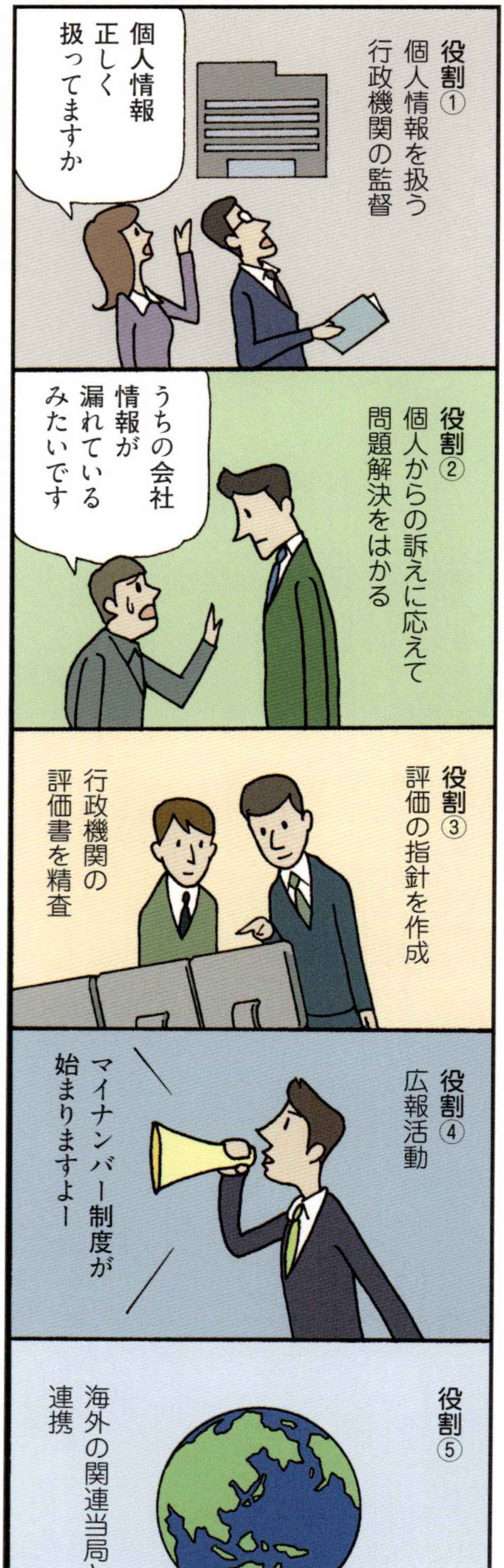

政府はマイナンバー法が適切に施行されるために「特定個人情報保護委員会」という組織を作りました。では特定個人情報保護委員会（ＰＰＣ）とは一体どんな組織なのでしょうか。

特定個人情報保護委員会とは何か

ＰＰＣは、特定個人情報（個人番号を内容に含む個人情報）が適切に取り扱われているかを監視・監督する機関です。内閣府の外局として設置されました。

特定個人情報は市区町村の役所や税務署、厚生労働省や日本年金機構などで保有されることになります。このような行政機関において、厳格な監視・監督を行うことが、ＰＰＣの責務となるのです。

今まで日本では、プライバシー権保護のための行政機関が存在していませんでした。諸外国を見てみると、ヨーロッパ各国には、プライバシー・コミッショナーといった機関が設置されて、プライバシーの保護や個人情報の保護に目を光らせています。

こういった制度をマイナンバー制度導入を契機として、日本でも取り入れようというのです。

独立・中立の委員会

特定個人情報保護委員会が監視・監督するのは主に行政機関ですから、そこから独立し、中立を保つ必要があります。

このような組織には、公正取引委員会と国家公安委員会がありますが、特定個人情報保護委員会もこれらの委員会と並んで独立・中立を厳格に守る委員会となっています。

そのために委員長は衆参両院の同意を得て内閣総理大臣の任命を受ける必要があります。また任期は5年で再任も可能です。

委員は全部で6人いて、そのうち常勤が3人であとの3人は非常勤です。委員たちも衆参両院の同意を得て内閣総理大臣の任命を受けます。任期も5年で再任も可能です。

特定個人情報保護委員会の仕事

ではPPCはどのような仕事をするのでしょうか。全部で5つの業務に分けられています。

①特定個人情報の取り扱いに関する監視・監督
②苦情に対するあっせん
③特定個人情報保護評価
④特定個人情報保護の広報・啓発
⑤国際協力

①は特定個人情報を取り扱う各機関に対して報告を求めたり、立ち入り検査をすることです。もし何か問題があったときは、その行政機関に助言や指導、勧告や命令をすることができます。さらに総理大臣に意見を具申することもできます。こうやって問題を是正していくのです。

②は個人が自分の特定個人情報の取り扱いについて不安や問題がある場合は、PPCに申し出ることによって問題解決の斡旋をします。相手が民間事業者であっても助言や指導、勧告や命令を行うことができるため、深刻な問題が発生したときは、委員会の権限を使って事態を改善することができます。

③は特定個人情報保護の評価に関する指針を作成し、公表する業務です。また行政機関から提出された評価書を精査し承認する業務もあります。

④は主に民間事業者や個人に対するもので、パンフレットやホームページで広報、啓蒙活動をします。

⑤は情報が海外にまで流出することも考慮して、海外の関係当局と連携して個人情報を保護する業務です。

このようにして特定個人情報保護委員会は特定個人情報を守るために働くのです。ですから万一にも政府のいいなりになるような御用組織になってはならないのです。

□特定個人情報保護委員会

任務 行政手続における特定の個人を識別するための番号の利用等に関する法律（平成 25 年法律第 27 号）に基づき、個人番号その他の特定個人情報の有用性に配慮しつつ、その適正な取扱いを確保するために必要な措置を講じること

組織
- ■委員長　1名／委員　6名（計7名）の合議制
（個人情報保護の有識者／情報処理技術の有識者／社会保障または税制の有識者／民間企業の実務に関する経験者／地方六団体の推薦者を含む）
- ■委員長・委員は独立して職権を行使（独立性の高い、いわゆる3条委員会）
- ■任期5年／国会同意人事

監視・監督	特定個人情報保護評価に関すること	広　報	国際協力	苦情処理
・指導／助言 ・法令違反に対する勧告／命令 ・報告徴収／立入検査 ・情報提供ネットワークシステムの構築等に関する設置要求	・特定個人情報保護評価に関する指針の作成／公表 ・評価書の承認	特定個人情報の保護についての広報啓発	国際会議への参加その他の国際連携／協力	苦情の申出についてのあっせん

＊内閣官房社会保障改革担当室の資料をもとに作成

意見具申	国会報告
内閣総理大臣に対する意見具申	年次報告

特定個人情報保護評価

特定個人情報保護評価（ＰＩＡ）はマイナンバー法に伴って新設されます。問題が発生してからあわてて対応するのではなく、行政機関や地方自治体、独立行政法人などが特定個人情報ファイルを保有する前に適切な保護措置が講じられているかを検討するのが仕事です。

特定個人情報保護評価とは何か

特定個人情報保護評価をする目的は、まず国民の不信感を払拭することにあります。国民は、マイナンバー制度の導入に伴い国家から特定個人情報を一元管理されたり、他の情報と関連づけられて管理されたり、財産などに被害が及んだりすることを懸念しています。それをなくそうというのが目的の1つです。

そして各行政機関が個人情報を保有する前に、危険性などを予測して、国民のプライバシーの権利が侵害されないようにし、国民の信頼を確保しようというものなのです。

この評価を実施する義務があるのは行政機関の長（厚生労働大臣など）や地方自治体の長（大阪府知事や市長や町長など）、また独立行政法人や健康保険組合など個人情報を取り扱う機関です。

ただし、勤務している人の給与や人事にのみ使う場合は、評価の義務はありません。また、個人情報を扱う対象人数が１０００人未満の場合もその義務はありません。また紙で特定個人情報を扱う場合も同様です。

特定個人情報保護評価の手順

特定個人情報保護評価は次の手順で行われます。この手順は特定個人情報ファイルを保有する前、つまりコンピューターに入力する前に行います。

まず、計画管理書を作成します。次にしきい値（境目になる値のこと）の判断をします。これは対象人数によって、「30万人以上」「10万人以上～30万人未満」「1万人以上～10万人未満」「１０００人以上～1万人未満」の４つに区分されます。

「30万人以上」の場合は、基礎項目評価と全項目評価をします。その際、基礎項目評価は特定個人情報保護委員会（ＰＰＣ）に提出後、公表します。全項目評価については、行政機関の場合は、国民の意見聴取を行った上で、ＰＰＣの承認を受けたあとに公表します。また地方自治体の場合は住民の意見聴取を行った上で、第三者の点検を受けたのちに公表します。

「10万人以上～30万人未満」の場合は取扱者が５００人以上ならば、「30万人以上」の場合と同じです。また取扱者が５００人未満の場合でも、過去1年以内に特定個人情報に関して重大な事故を起こした場合は、「30万人以上」の場合と同じです。

「対象者10万人以上～30万人未満」「取扱者５００人未満」「過去1年以内に特定個人情報に関して重大な事故を起こしていない」場合は、基礎項目評価と重点項目評価をＰＰＣに提出後、公表します。

「1万人以上～10万人未満」は、「取扱者５００人以上」の場合は、基礎項目評価と重点項目評価をＰＰＣに提出後、公表します。「取扱者５００人未満」であっても「過去1年以内に特定個人情報に関して重大な事故を起こしている」場合は基礎項目評価と重点項目評価をＰＰＣに提出後、公表します。もし「重大事故」がなければ基礎項目評価だけをＰＰＣに提出後、公表します。「対象者が１０００人以上～1万人未満」の場合も基礎項目評価だけをＰＰＣに提出後、公表します。

実施後の手順

評価を実施したあとに、特定個人情報に関する重大な事故を起こすなどして、しきい値に変更があったときには、再実施が必要と認められた場合、評価を再実施します。

また、少なくとも1年に1回は評価書を見直すようにすることが努力目標になっています。さらに5年を経過する前に評価の再実施をすることがやはり努力目標とされています。

評価実施の義務は基本的には、行政機関や地方自治体、独立行政法人などですが、民間事業者であっても情報提供ネットワークサービスを利用する健康保険組合や社会福祉協議会などにも義務づけられています。

□特定個人情報保護評価（PIA）の対象、評価方法

対象者数　1000 人未満	対象外
対象者数　1000 人～1 万人未満	基礎項目評価のみ
対象者数　1 万人～ 10 万人未満	基礎項目評価のみ or 基礎項目評価 ＋ 重点項目評価
対象者数　10 万人以上～ 30 万人未満	基礎項目評価 ＋ 重点項目評価 or 基礎項目評価 ＋ 全項目評価
対象者数　30 万人以上	基礎項目評価 ＋ 全項目評価

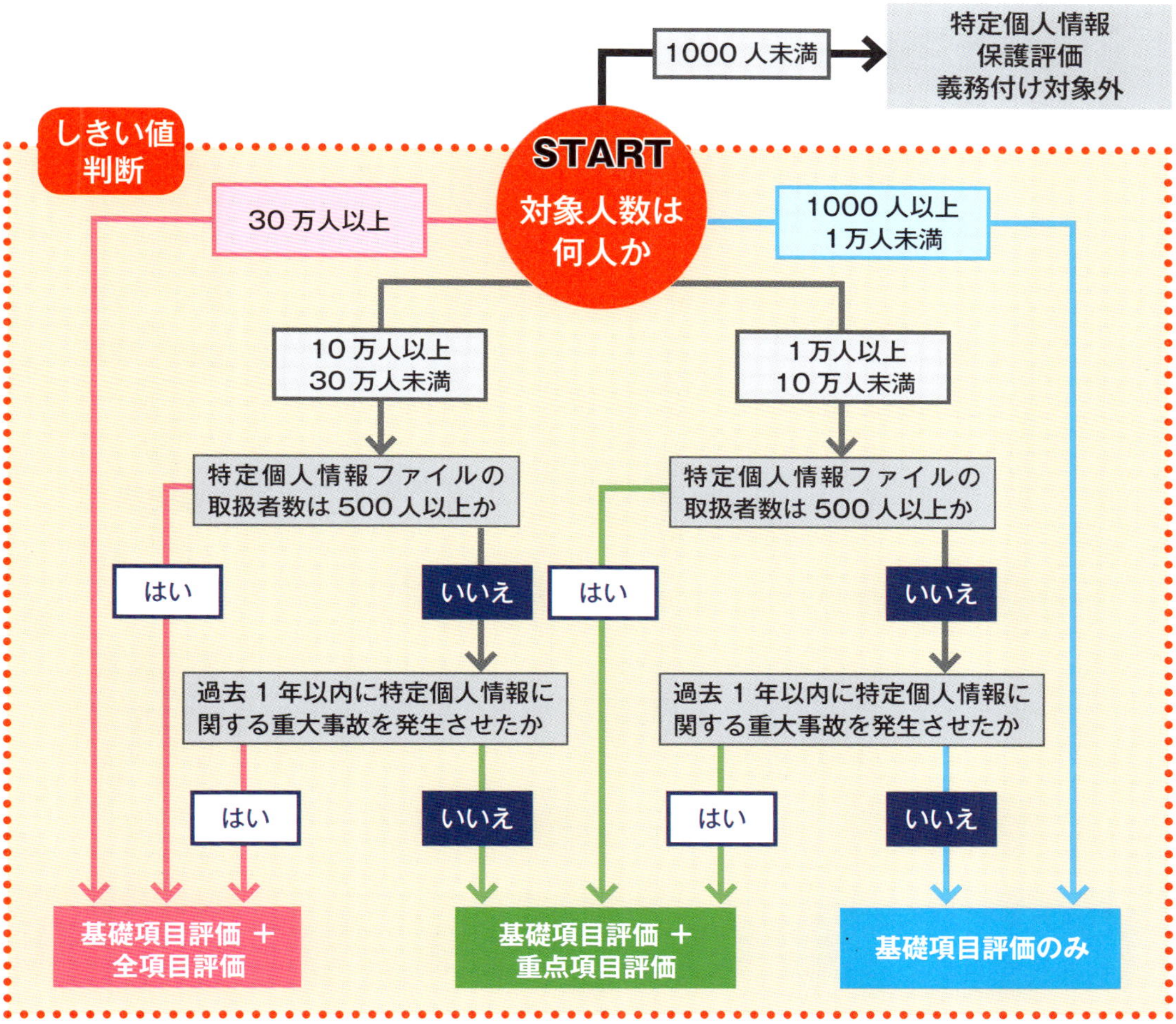

＊内閣官房社会保障改革担当室の資料をもとに作成

マイナンバー制度に関する罰則

個人番号は便利ですが、情報の漏えいが恐ろしいのです。そのためにマイナンバー制度には、従来の法律より厳しい罰則があります。

◉専門家や公務員などへの罰則

マイナンバーに関する罰則規定は「誰が」「何をしたか」によって異なります。

コンピューターの専門家が、仕事で知り得た情報を他人に漏らしたり、盗んだりした場合、3年以下の懲役または１５０万円以下の罰金（併科されることもある）になります。

公務員が、職務を逸脱して個人情報を集めた場合は、2年以下の懲役または１００万円以下の罰金です。

個人情報を守る立場の特定個人情報保護委員会の委員長、委員、事務局職員が職務上知ることのできた秘密を漏らしたり盗用した場合は、2年以下の懲役または１００万円以下の罰金刑になります。

◉民間会社や個人の場合

民間会社で個人番号などを管理していた人が、誰かにその情報を売ったりあげたりしたら、4年以下の懲役または２００万円以下の罰金（併科されることもある）になります。

また、仕事で知った個人番号を売ったり盗んだりしたら、3年以下の懲役または１５０万円以下の罰金（併科されることもある）です。

暴力をふるう、脅迫する、騙すことや建物に侵入したり、盗んだり、不正アクセスしたりして個人番号を得た人は、3年以下の懲役または１５０万円以下の罰金になります。

ウソをついて通知カードや個人番号カードの交付を受けた場合、6カ月以下の懲役または50万円以下の罰金です。

会社の個人情報担当者が法令違反と判断され、さらに、特定個人情報保護委員会からの命令をきかないと2年以下の懲役または50万円以下の罰金になります。

特定個人情報保護委員会から報告や資料提出の要求、質問、立入検査を受けた者が虚偽の報告、虚偽の資料提出、答弁や検査の拒否、妨害などをした場合は1年以下の懲役または50万円以下の罰金です。

これらの罰則を厳しいとみるか、甘

□民間会社や個人の罰則

会社で「個人番号」を管理していた人が誰かに情報を売る	**4年** 以下の懲役または **200万** 以下の罰金（併科されることも）
暴力、脅迫、不正アクセス、騙して建物に侵入して盗む等で情報を得る	**3年** 以下の懲役または **150万** 以下の罰金（併科されることも）
会社の管理者が法令違反、情報保護委員会の命令をきかない（管理がずさん）	**2年** 以下の懲役または **50万** 以下の罰金（併科されることも）
特定個人情報保護委員会に虚偽の報告、答弁や検査の拒否、検査妨害など	**1年** 以下の懲役または **50万** 以下の罰金（併科されることも）

いとみるかは、人によってさまざまでしょう。しかし、たとえば、ある会社の会員の個人番号の管理担当者が、会員100万人の個人番号を売ってしまい、売られた情報が悪用されて数十億円の被害が生じたのに、その刑罰が罰金200万円だとしたら、甘すぎると感じないでしょうか。

逆に、「10年前に失踪した父親かもしれないから、手続きをするために、番号だけ教えてくれ」と言われて教えた場合でも、懲役4年または罰金150万円になる可能性すらあるのです。これは重すぎないでしょうか。

マイナンバー制度への誤解

マイナンバー制度については多くの誤解があるようです。個人番号からその人の犯罪歴がわかるというのも誤解の1つです。マイナンバー法では、個人番号を適切に扱うために利用制限を厳しくしています。

個人番号から犯罪歴がわかる？

前科のような情報は、大前提として個人番号を利用することが認められていません。そうなると当然、情報提供ネットワークシステムを利用することもできないので、犯罪歴の情報が行政機関で共有されることもないのです。

このようにそもそも個人番号を利用できないとされる情報に、病歴、購買情報、位置情報などがあります。将来はともかくとしてマイナンバー制度導入時には、これらの情報は扱わないのです。

カードを紛失するとサービスを受けられない？

個人番号を忘れてしまったり、個人番号カードを紛失してしまうと、行政サービスが受けられなくなると誤解している人も多いようですが、銀行のキャッシュカードと同じだと考えるとわかりやすいかもしれません。

キャッシュカードを紛失した場合、すぐに銀行に連絡して、そのカードを使えなくし、再発行してもらいます。その間は不便ですが、通帳とハンコでキャッシュカードと同じサービスを受けることができます。

個人番号カードも同じで、他人に使われてしまうと危険ですから、紛失したらすぐに市区町村の窓口に連絡します。そして再発行の手続きをします。その間は不便ですが、住民票などの書類や証明書で行政サービスを受けることができます。

所得額が知られてしまう？

マイナンバー制度の3本柱の1つが、税務に関することなので、あなたの所得額が一部の人に知られてしまうことは事実です。しかし、これはマイナンバー制度とは関係なく、以前から税務担当者には知られていたのです。ただ、より正確に把握されるようになるのも事実です。

犯罪歴がわかってしまう
ヒソ
ヒソ
ヒソ
病歴が知られてしまう
え
水虫の人とは付き合わないわ
カードをなくすと行政サービスが受けられない
ガーン
生きていけない……
みんな誤解です マイナンバー制度を正しく知ってね

マイナンバー制度で個人の所得を把握することができるのは、税務署職員や市役所職員に限られます。他人にあなたの所得をもらすとマイナンバー法にも抵触しますし、守秘義務違反にもなるのです。

ですから、あなたの所得が漏えいしてしまう可能性は以前と変わらないか、マイナンバー法で罰則強化されたことによって少なくなるといっていいでしょう。

他人の個人番号を見ると罪になる？

個人番号カードは、身分証明書としての働きもありますが、他人に個人番号を知られてしまうことも意味しています。

そのために個人番号カードでは、裏面に個人番号を記載する予定になっています。しかし、個人番号を見てしまうケースもないとはいえません。

じつは、「個人番号の収集・保管はできない」とマイナンバー法にはありますが、この収集・保管は、個人番号を書き写したり、コピーしたりすることを指しています。

12桁の番号ですから、それを記憶することは、難しいことではなく、思わず記憶してしまうこともあるでしょう。ですが、単に記憶しているだけなら、収集・保管にはあたらないので罪にはなりません。問題は、覚えている個人番号を人に教えたり何かに利用すると罪になるということです。

個人番号の収集・保管はたとえ相手の同意があってもしてはいけないことになっているので注意が必要です。

住基カードは使えなくなる？

住基カードは廃止の方向になるでしょう。マイナンバー制度が実施される平成28年1月以降は、新規発行は行わない予定です。しかし、平成27年12月までに発行された住基カードは、有効期間内であれば、使うことができます。

実施スケジュール

マイナンバー制度はどのように実施されるのでしょうか。突然のこととして驚かないように、確認しておきましょう。

◉通知カード

まず、平成27年10～11月までに、各市区町村から順次、住民票があるすべての人へ、「通知カード」で知らされます。

通知カードは簡易書留で送られてきます。受け取ったら必ず中身を確認しましょう。「通知カード」「個人番号カードの交付申請書」「返信用封筒」「マイナンバー制度の説明書」の4点があるはずです。

ここで注意しなければならないのは、この通知カードの宛先は、住民票に記載されている住所だということです。つまり、実際に住んでいる住所と住民票に記載されている住所が違う場合は、住民票の住所に届いてしまうのです。

ですから、まず、住民票の住所と実際の住所が一致しているかどうか調べましょう。もし、一致していないときは、平成27年10月までに住民票を現在の住所に移しておくようにしましょう。

また住民票があれば、国籍を問わず外国人であっても送られてきます。つまり、日本人であっても住民票がなければ送られてこないことになります。

万が一、もしあなたに「通知カード」が送られてこなかったときは、市区町村の役所へ行って事情を説明しましょう。

なくしたり盗まれたりしたときは、すぐに市区町村の窓口へ行き、再発行して

□通知カードのイメージ

個人番号	○○○○○○・・・○○○○○○
生年月日	○○年 □□月 △△日
性　別	女
氏　名	番号花子
住　所	□□□□県□□□市□□□町 1-1-1

＊内閣官房社会保障改革担当室による（案）

第1部 マイナンバーを知ろう！
2 パターン別マイナンバー対処法
3 マイナンバーを深く知ろう！

通知カードは住民票の住所に届きます
引っ越し前の住所のまま
あて先不明
あれ？
通知カードこないなー
会社で──
これから社会保険や給与の支払いにも個人番号が必要になる
君の個人番号は？
さあ…
何やってるんだ早く役所へ行って手続きしてきなさい
はいっ

もらいましょう。

この通知カードには、12桁のあなたの個人番号と氏名、住所、性別、生年月日が記載されています。このカードがあれば、年金や雇用保険、生活保護などのさまざまな行政サービスが受けられます。

実際に個人番号が使われるのは平成28年1月からになります。また、この月から個人番号カードが交付されます。

□マイナンバー制度の実施スケジュール

平成27年（2015年）	10～11月	各市区町村から順次、住民票のあるすべての人へ通知カードで知らせる
平成28年（2016年）	1月	マイナンバー制度が実施（社会保障の一部を除く）
平成29年（2017年）	1月	年金と医療保険のマイナンバー制度が実施 国の機関同士の連携開始 マイナポータル開始予定
平成29年（2017年）	7月	地方公共団体同士の連携開始
平成30年（2018年）	10月	民間利用の実施の是非を決定予定

その後のスケジュール

平成28年（2016年）からは、いよいよマイナンバー制度が実施されます。税金に関すること、社会保障（雇用保険、福祉など）、災害対策で個人番号が利用されるようになり、手続きの際には個人番号の提示が求められるようになります。

企業では、源泉徴収事務に関連して個人番号が必要となるため従業員に対して個人番号の提示を求めるようになります。

そして1年後の平成29年1月には国の機関同士で情報の連携が開始されます。さらに同年7月には市役所などの地方公共団体でも情報の連携が開始されます。

民間利用については、平成30年10月を目標にして実施するかどうかを決めることになっています。

個人番号カードを取得するには

個人番号カードの取得は任意です。通知カードは何もしなくても送られてきますが、個人番号カードは申請しない限り取得することはできません。ではどうやったら取得できるのでしょうか。

まずは申請

まず、簡易書留で送られてきた通知カードの中身を確認します。「通知カード」「個人番号カードの交付申請書」「返信用封筒」「マイナンバー制度の説明書」が入っているはずです。

個人番号カードの申請には郵送とWeb申請の2つがあります。郵送の場合は、申請書に必要事項を記入し、自分の写真を貼って、送られてきた返信用封筒に入れてポストに投函します。

ウェブサイトから申請する場合は、まず、スマートフォンなどで自分の顔写真を撮影し、そして専用のウェブサイトから申請すればいいのです。個人番号カードは、通知カードが届き次第、いつでも申請できます。

個人番号カードの受け取り

申請がOKになると交付通知書と呼ばれるはがきが郵送されてきます。その後、平成28年1月以降に個人番号カードを受け取ることができます。

受け取りは、原則として本人で、受け取る場所は市区町村の窓口です。このとき、通知カードなど、交付通知書（はがき）、それに運転免許証など、身分を証明するものを持っていきます。なお、個人番号カードの発行は無料です。

個人番号カードは表面に、氏名、住所、性別、生年月日が記載され、本人の顔写真が貼られています。そして裏面には、個人番号が記載されています。個人番号カードには有効期限があり、20歳以上は10年、20歳未満は容姿の変化を考慮して5年になっています。

また、転居する際は、転入先の市区町村に転入届とともに、通知カードか個人番号カードを提出し、カードの記載内容を変更します。

通知カードや個人番号カードの記載内容に変更があった場合も、14日以内に市区町村に届け出て、カードの記載内容を変更します。

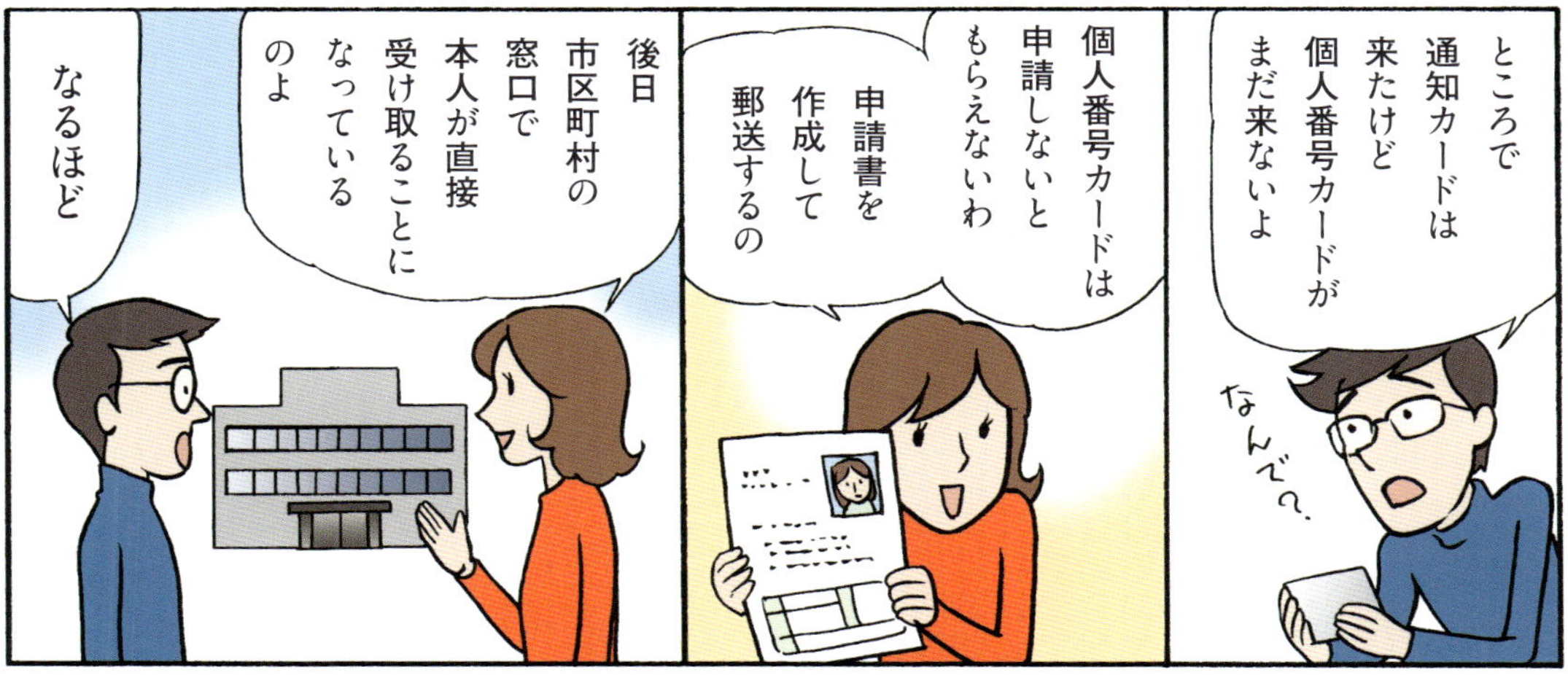

□個人番号カードの申請方法

ステップ1

平成 27 年 10 月以降、住民票の住所に、個人番号の通知カードが、簡易書留で届きます。

ステップ2

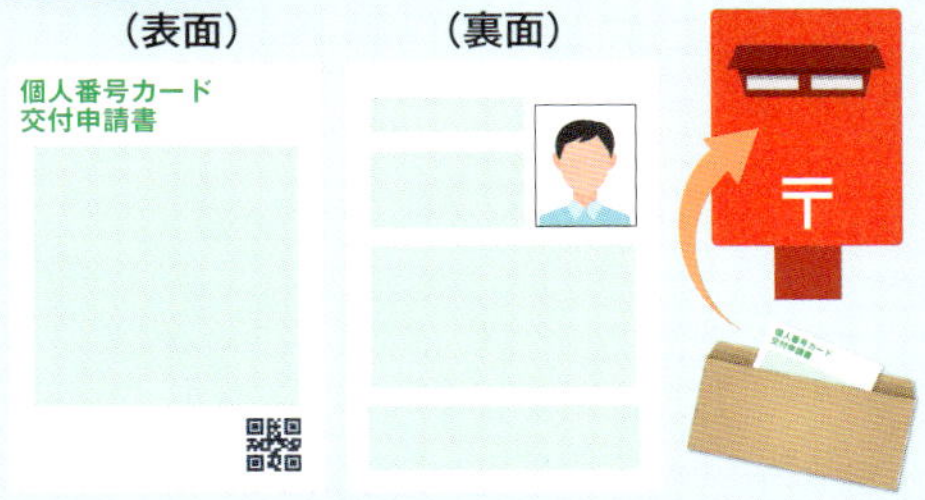

同封されている個人番号カード交付申請書に、顔写真を貼り、返信用封筒に入れて、ポストに投函。

ステップ3

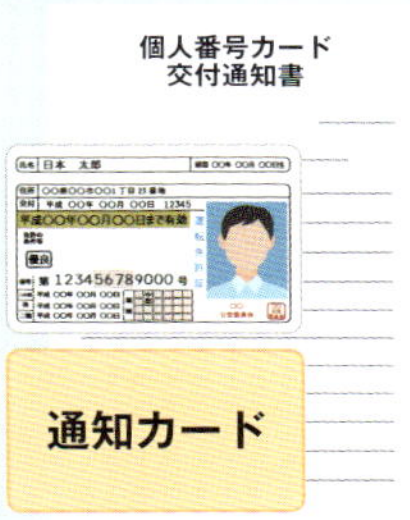

平成 28 年 1 月以降、個人番号カードの交付準備が整うと、はがきで交付通知書が送られてくるので、運転免許証などの本人確認書類、通知カードとあわせて、市区町村窓口へ持参します。

ステップ4

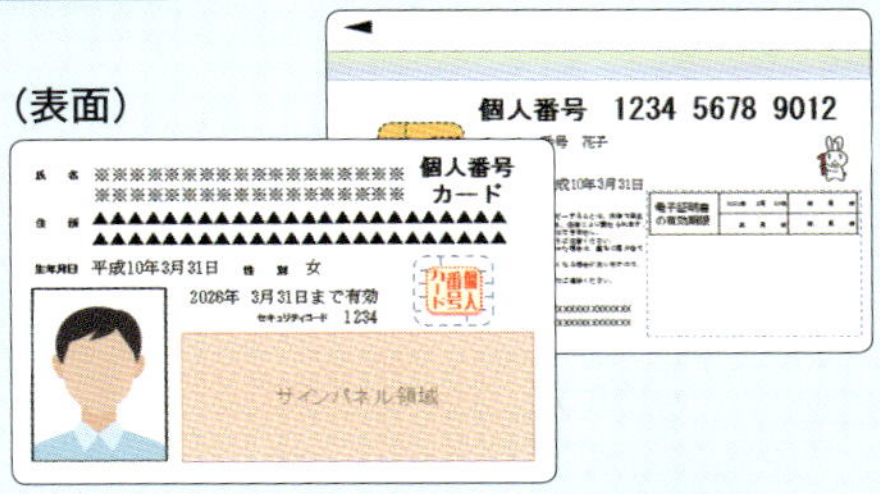

本人確認の上、暗証番号を設定すると、個人番号カードが交付されます。

❶スマートフォンなどのカメラで顔写真を撮影。

❷交付申請書のＱＲコードから申請用ウェブサイトにアクセス。必要事項を入力し、顔写真のデータを添付、送信すれば、申請が完了します。

◉個人番号カードのメリット

個人番号カードには、さまざまなメリットがあります。まずICチップを搭載しているため本人確認のための身分証明書として利用できます。

地方自治体が条例で定める図書館カードや印鑑登録証としてのサービスに使用できます。電子証明書を使い、e－Taxや各種電子申請を行うことができます。さらにコンビニで住民票の写しのような各種証明書を取ることもできます。

また、個人番号を記載した書類を提出する際は、個人番号の確認と身元（実在）確認が必要となりますが、個人番号カードがあれば1枚で手続きできます。しかし、このカードがないと、通知カードか個人番号記載の住民票プラス、運転免許証かパスポートなどが必要になります。

なお、個人番号カードには、所得情報のようなプライバシー性の高い情報は記録されないことになっています。

電子証明書は、オンライン申請や届け出を行う際に、「なりすまし」や「データの改ざん」を防ぐために用いる本人確認の手段です。個人番号カードには、電子証明書が搭載されていて、申請書などに電子署名をつけることができます。そうすれば、間違いなく本人が送信したことを証明することができるのです。次の項で詳しく説明しますが、「マイナポータル」にログインする際にも電子証明書が必要となります。

それでは、個人番号カードは取得したほうがいいのでしょうか。結論からいうと、「取得したほうが得」といえるでしょう。情報漏えいのリスクに関しては、もともとマイナンバー制度自体にあるのであって、個人番号カードを取得しても増えるリスクはそれほど多くはありません。

第2章 マイナンバー制度で必要な手続き

マイナポータルとは？

マイナポータルとは、その人が受けられる行政サービスを簡単にインターネットによって知ることができるサービスです。

◉プッシュ型サービス

マイナポータルは、マイナンバー法によって新たに開設する、1人1人に適合した情報を知らせるサービスで、平成29年1月からスタートする予定です。

個人番号カードでログインでき、インターネットで自分が受けられるサービスを調べることができるのです。まだすべてが決まったわけではありませんが、現在、「プッシュ型サービス」「ワンストップサービス」「アクセス記録の閲覧」「特

□マイナポータルとは？

プッシュ型サービス	１人１人の国民に合った行政サービスの案内が可能になる
ワンストップサービス	今まで複数の行政機関に行かないと手続きできなかったサービスを、自宅のパソコンからできるようになる
アクセス記録の閲覧	いつ、どこで、誰が、特定個人情報にアクセスしたか自分で確認できる
特定個人情報の閲覧	自分に関する情報を見ることができる

定個人情報の閲覧」の4つのサービスが予定されています。

まず、「プッシュ型サービス」について説明します。現在、日本では「申請主義」といって、各種手続きは本人の申請がなければ、開始されない場合がほとんどです。ですから国民にとっては、そのサービスを知らないと受けられないのです。

しかし、マイナンバー制度導入後は、行政機関が、1人1人の国民に対して、あるサービスの受給資格があるかないかを把握できるようになります。

そのために行政から積極的にその人に合ったサービスを知らせたり、勧めたりすることができるようになるのです。このような宣伝活動は、郵送などで行っていたのでは経費もかかり、非効率です。そこでインターネットを使って自分が受けられる可能性があるサービスを確認できるようにしようというのです。

まだ詳細は決まっていませんが、たとえば、失業者に対しては失業給付情報や保険料の減免などの情報を、被災者に対しては被災者支援情報を、生活困窮者に対しては生活保護の情報を配信していくことなどが考えられています。

日本では利用されていない助成金や補助金が多く存在しています。広報活動が十分でなく、またごく一部の人しか知らないサービスも数多くあるのです。

ワンストップサービス

行政手続きのなかには複雑なものもあり、本来はそのサービスを受けられるのに、手続きが面倒という理由で利用しない人も多いのではないかと考えられています。

ワンストップサービスは、複数の行政機関に行かないと受けられなかったサービスの手続きをインターネットで一度にすませるというものです。

プッシュ型サービスとワンストップサービスを併用すれば、サービスの利用率を大幅にアップできるのではないかと期待されています。

アクセス記録の閲覧

自分の個人番号が勝手に使われていないかを知ることは重要です。マイナンバー制度が成功する一番の障壁になっているのが、情報漏えいのリスクだからです。

アクセス記録の閲覧ができるようになれば、いつ、誰が誰と、どのような特定個人情報（個人番号を内容に含む個人情報）を、何のためにやりとりしたか、自分で確認できるようになるのです。

国や地方自治体に不信感を持っている人はこの制度があれば、少しは安心できるのではないでしょうか。

特定個人情報の閲覧

特定個人情報の閲覧というのは、自分に関する情報を見ることができるということです。

すでに病院に対しては「カルテの内容」、学校に対しては「入学試験の成績」など、自分自身の情報を開示できるシステムはできつつあります。特定個人情報の閲覧ができるようになれば、さらに自分の情報開示を推し進めることができると期待されています。

これができるようになると、社会保険料控除額などが確認できるようになり、確定申告の際に便利になります。また、自分自身や子どもが予防接種を受けたかどうか確認することもできるようになり、勘違いや度忘れによって必要な予防接種を受けそこなうといったリスクを回避することもできるようになるかもしれません。

《個人番号カードと住基カードとの関係》

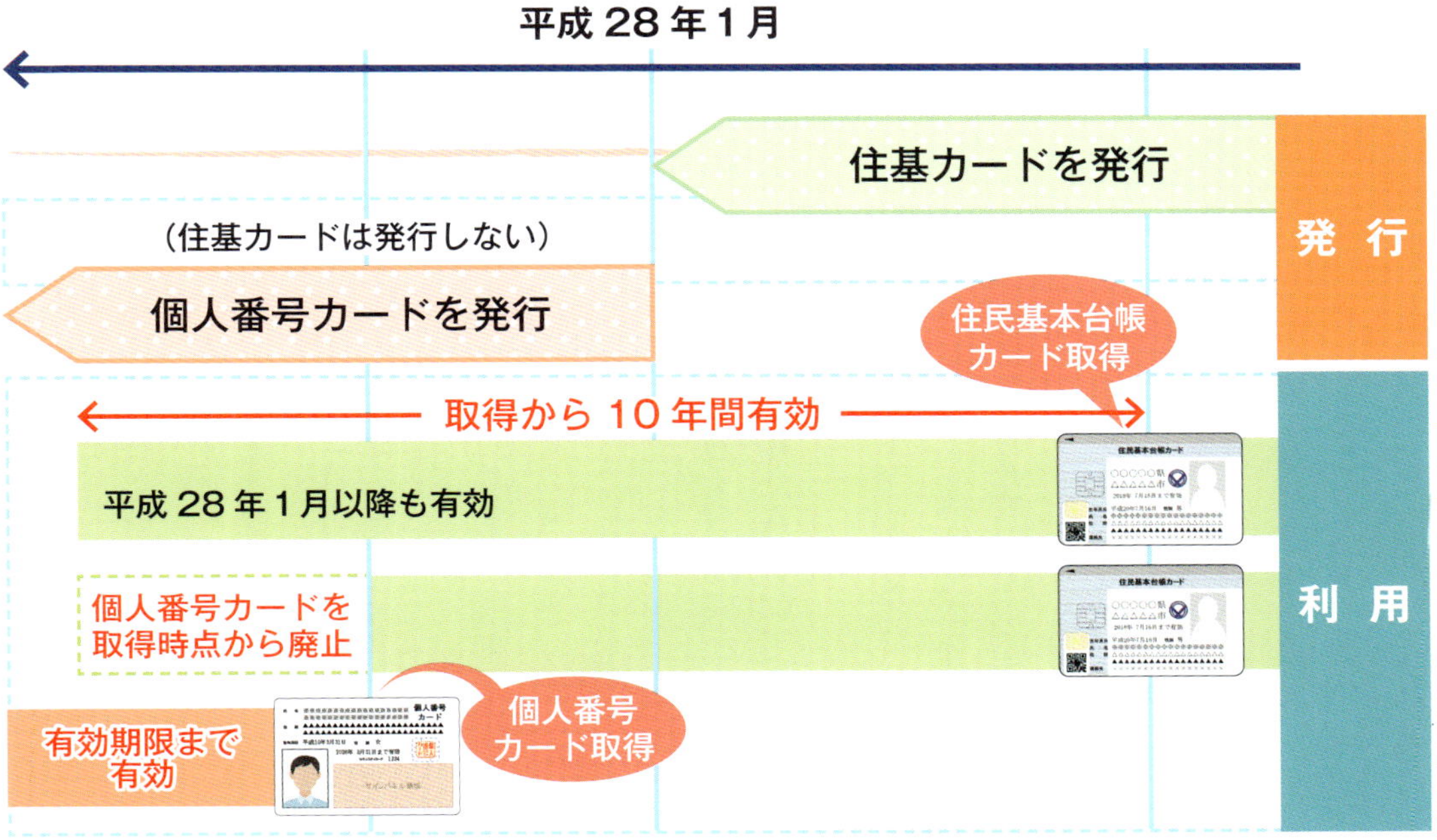

＊内閣官房社会保障改革担当室の資料をもとに作成

マイナンバー Q&A

【PART 1】

— 基礎的なこと —

— 手続的なこと —

Q01 国民すべてに番号がつけられるのですか？

A01 個人番号は、住民票があるすべての人につけられます。ですから、外国人であっても、日本に住民票があれば、付与されます。

逆に日本国籍があっても、現在、外国に住んでいて住民票がない人は、個人番号が送られてきません。その場合は帰国後に住民登録すれば、個人番号が付与されるので心配はいりません。

Q02 個人番号を拒否するとどうなるのですか？

A02 個人番号は日本に住民票がある人には、すべて付与されます。それを拒否することはできません。簡易書留の受取りを拒否したとしても、1人1人に個人番号が付与されることに変わりはありません。

さらに、雇用されて給与を受け取る場合も、個人事業主として業務委託され、報酬を受け取る場合も個人番号が必要になります。

Q03 個人番号に自分が希望する番号をつけることはできますか？

A03 できません。個人番号は一方的に決められる12桁の数字で、自動車のナンバーのように好きな番号を買ったりすることはできません。444444……のように縁起が悪いと思う人がいる番号であっても変更することはできません。

Q04 個人番号を変更することはできますか？

A04 個人番号はその人が一生使う番号です。ですから変更はできません。ただし、例外が1つだけあります。それは個人番号が漏えいして悪用される恐れがあるときです。その場合は、住民票のある市区町村に申し出て変更が必要だと認められれば、変更できます。

また、個人番号が漏えいして悪用される恐れがあると行政側で判断した場合も、変更になることがあります。

Q05 通知カードが来ないときはどうしたらいいですか？

A05 通知カードが来ないケースはいくつか考えられます。まず、あなたが現在住んでいるところに住民票がない場合です。引っ越しの際に手続きを忘れたりして変更していないケースなどが考えられます。

また、市区町村の役所が間違えるケースです。住民すべてに通知するのですからミスがゼロというわけにはいかないでしょう。さらに郵便局のミスで配達されないケースも考えられます。10月から12月までの3カ月間に1億3000万人に簡易書留を送らなければならないのですから、ミスがないほうがおかしいともいえるでしょう。

どのケースであっても市区町村の役所に申し出れば解決しますので心配はいりません。

Q06 一度国外に転出し、その後、再入国した場合は、新しい個人番号になるのでしょうか?

A06 同じ個人番号です。

Q07 マイナンバー(個人番号)が通知される平成27年10月以降に国外に滞在し、日本国内に住民票がない場合、マイナンバーはいつどのように指定されるのですか?

A07 平成27年10月以降、日本国内に一度も住民票をおいたことがなければ、マイナンバーの指定は行われません。帰国して国内で住民票を作成したときに初めてマイナンバーの指定が行われます。

Q08 通知カードや個人番号カードの材質は何ですか?

A08 通知カードは紙製、個人番号カードはプラスチック製が予定されています。

Q09 通知カードや個人番号カードの記載内容に変更があったときは、どうすればよいですか?

A09 14日以内に市区町村に届け出て、カードの記載内容を変更します。記載内容の変更には、引っ越しなどによる住所変更、結婚や改名による氏名変更、性転換などによる性別変更が考えられます。

Q10 通知カードを紛失したり、個人番号カードを紛失したり、盗難にあった場合はどうすればいいですか?

A10 速やかに市区町村に届け出ます。そして再発行してもらうことになります。その際に、情報が漏えいし悪用される可能性がある場合は個人番号が変更になります。

また、他人によって使われた形跡があるかどうかも調べることができます。悪用される前に一刻も早く届け出ましょう。

Q11 個人番号カードを紛失したりして再発行する場合は手数料はかかるのでしょうか。また有効期限が過ぎた場合はどうなるのでしょうか?

A11 まず、初回の発行は「無料」ということで統一されていますが、2回目以降や紛失などによる再発行の場合は、地方自治体によって対応がまちまちです。

神奈川県横須賀市では、紛失などで再発行する場合、手数料として1000円、通知カードの再交付の場合、手数料500円を予定しています。しかし、まだ決まっていない市区町村が多いようです。

Q12 通知カードや個人番号カードを拾った場合はどうすればいいですか？

A12 運転免許証を拾った場合と同じです。近くの交番などに届けましょう。ただし、拾ったときに、個人番号をメモしたり、コピーしたり、パソコンに入力したりすると罪に問われる場合がありますので注意しましょう。

ただ、見るだけなら問題ありませんし、その番号を記憶しても大丈夫です。しかし、記憶した番号を他者に伝えたりすると罪に問われる可能性があります。

Q13 自分の個人番号で気をつけなくてはならないことは何ですか？

A13 まず、むやみに他人に教えないことです。また、パスワードやほかの手続きをするときの登録番号を個人番号と同じ番号にしないようにしましょう。一方が漏えいしたときに他方の番号もわかってしまう恐れがあるからです。

Q14 個人番号を他人に知られてしまうと何か実害があるでしょうか？

A14 個人番号を知られただけで実害が発生する可能性はごく少ないといえるでしょう。しかし、被害がないとはいえません。あなたの個人番号をこっそり盗み見た人があなたに接触し、税務署職員を装って「税金の申告漏れがあったので直ちにこの口座に入金しないと脱税で逮捕される」といった手口に使われる恐れがあります。

あなたしか知らないはずの個人番号を相手から言われれば、詐欺師を税務署職員と信じてしまうかもしれません。そのように悪用されることが考えられます。

Q15 パソコンを持っていない人でもマイナポータルを利用できますか？

A15 できます。公的機関にマイナポータルが利用できる端末を設置する予定です。利用しやすい場所に設置すると同時に、覗き見防止などのプライバシー保護にも配慮する予定です。

Q16 個人番号カードを持っていないと、マイナポータルを利用できないのですか？

A16 できません。個人番号カードがない場合、自分の情報を確認するためには、情報保有機関に「書面による開示請求」を請求しなければなりません。

Q17 天皇陛下や皇族の方々もマイナンバー制度の対象になるのでしょうか？

A17 天皇陛下や皇族の方は、マイナンバー制度の対象外となります。

Q18 赤ちゃんでも個人番号はもらえるのですか？

A18 もらえます。出生届を出し、住民票が作成されたときに番号がつけられます。

Q19 ホームレスの人は個人番号を受け取れますか？

A19 個人番号は住民登録してある住所に簡易書留で郵送されます。ですからホームレスの人でも住民登録してある住所を持っていれば、個人番号は受け取ることができます。

ホームレスの人で住所がない人は、ホームレスの支援団体に相談するとその人の親戚や友人などと交渉して住民登録の手伝いをしてくれる場合もあります。

支援施設を住所として登録するケースもありますが、大阪の西成区（あいりん地区）で大勢のホームレスの人を同じ施設に住民登録して問題になった事件もありました。

Q20 死者の個人情報はどうなるのでしょうか？

A20 個人情報保護法によれば、死者の情報は個人情報には含まれません、では、まったく保護されないかというとそうではありません。死者の情報が遺族などの生存者に関する情報である場合は個人情報になり、保護の対象となります。

Q21 個人番号について知りたいときはどうしたらいいでしょうか？

A21 さまざまな方法がありますが、コールセンターを利用するのも1つの方法です。コールセンターの電話番号は0570-20-0178です。また英語、中国語、韓国語、スペイン語、ポルトガル語での対応は0570-20-0291になります。

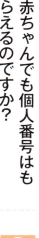

Column 1

情報漏えいで慰謝料はもらえるか!?

マイナンバー制度が導入されると、懸念されるのは情報漏えいです。では、もしそうなった場合、慰謝料などはもらえるのでしょうか。結論から言いますと、裁判を起こせば、もらえる可能性は非常に高いと思われます。

じつは、1998年に、京都府宇治市で約22万人分の住民基本台帳データが流出した事件がありました。このときは、慰謝料分として1万円、弁護士費用として5000円、計15000円が支払われています。

このときに流出した情報は住民番号、住所、氏名、性別、生年月日、転入日、転出先、世帯主名、世帯主との続柄などでした。

Yahoo!BBでは、**2003年に約471万人分、2004年に650万人分の顧客情報が流出しました**が、これは関連会社の元契約社員らが不正アクセスして盗んだものでした。大阪高裁は1人当たり5500円を支払うように命じ、判決が確定しています。

このように情報流出事件で慰謝料が裁判で求められた場合、**1件について5000円から15000円程度**の支払いがなされている判例があるので、これが前例として踏襲されることになるでしょう。金額は、どんな情報が漏れたかによって変わってきます。氏名、住所、電話番号、メールアドレスなどの基本的な情報では、5000円程度の慰謝料が相場のようです。

これが、情報が増え、内容もより細かくなると、慰謝料も増えてきます。ある美容関係の会社のアンケートが漏えいした事件では、情報が個人の志向などもあったために、35000円の支払いが命じられているのです。

もちろん、「銀行から預金が引き落とされた」「クレジットカードが勝手に使われた」といった何らかの実害が出た場合は、こういった慰謝料とは別の扱いになり、基本的に損害分は補償してもらえることになります。

125万件の年金情報が流出した事件が最近ありましたが、被害者全員が裁判を起こすと、たとえ1件5000円の慰謝料でも60億円を超える巨額な支払いが必要になるのです。マイナンバー（個人番号）の場合、当初は流出しても基本情報などだけとなる可能性が高いので、5000円から15000円程度の支払いになると考えられます。

第2部

パターン別 マイナンバー 対処法

第１章　個人事業主・法人の場合

第２章　富裕層の場合

第３章　サラリーマン・年金生活者・フリーター・主婦などの場合

誰の個人番号を取得するか

マイナンバー制度では、日本の住民1人1人に12桁の個人番号が割り当てられます。
その際に、個人事業主や法人でやらなければならないことがあります。

個人番号の「取得」

仮にあなたが、個人事業主や会社の社長だったとして、どのようなことを行わなければならないかを説明していきましょう。

まず、従業員の個人番号を取得するケースです。取得とは、相手の個人番号をメモしたりコピーしたりすることです。事業者は、税や社会保障に関係する書類を提出する際には、従業員やその扶養親族の個人番号を取得しなければなりません。

1 マイナンバーを知ろう!
第2部 パターン別マイナンバー対処法
3 マイナンバーを深く知ろう!

源泉徴収票や厚生年金保険の被保険者資格取得届、健康保険の被保険者資格取得届そして雇用保険の被保険者資格取得届に事業者は個人番号を記載します。

要するに、給与に関する書類や厚生年金、健康保険、雇用保険の手続きをするときには、従業員の個人番号が必要になるのです。

したがって事業者は、従業員やその扶養親族の個人番号を提示してもらい、年金関係は年金事務所に提出する書類に従業員たちの個人番号を記載して提出します。同様に健康保険の手続きは健康保険組合に、雇用保険関係はハローワークに個人番号を記載して提出します。

ここでいう従業員にはアルバイトやパート従業員も含まれています。たとえ短期であったとしてもその事業所や会社で働いて給与所得を得る場合は社会保険、雇用保険の被保険者でない限りは、個人番号の記載が必要になります。

税務に関する手続きでは、やはり個人番号を記載して源泉徴収票や給与支払報告書を市区町村の税務署に提出します。

また、支払調書作成の対象となる仕事を外注した場合も、支払調書を作成するために個人番号や法人番号を提供してもらうことになります。支払調書作成の対象となる仕事とは、原稿執筆などです。

証券会社や保険会社が配当金や保険料の支払調書を作成する際にも個人番号が必要となります。つまり、証券会社や保険会社では、顧客の個人番号を取得しなければならないということです。

提出時期と書類の変更

ではいつから、個人番号を記載した書類を提出しなければならないのでしょうか。

税務関係の書類では、申告書に関しては平成28年1月1日の属する年分以降の申告書からになります。申請書や届出書の場合は平成28年1月1日以降に提出する書類から個人番号が必要になります。

健康保険や年金に関する書類では平成29年1月から個人番号を記載する予定になっています。

こうした書類の中には様式に変更があ

□個人番号記載の書類提出開始日

税務関係書類	(所得税)申告書	平成28年1月1日の属する年分以降の申告書から ➡(平成28年分の場合)平成29年2月16日から3月15日まで
	申請書・届出書	平成28年1月1日以降に提出する申請書等から ➡各税法に規定する、提出すべき期限
健康保険・年金		平成29年1月1日以降に提出する書類から

□マイナンバー制度施行後の源泉徴収票の様式

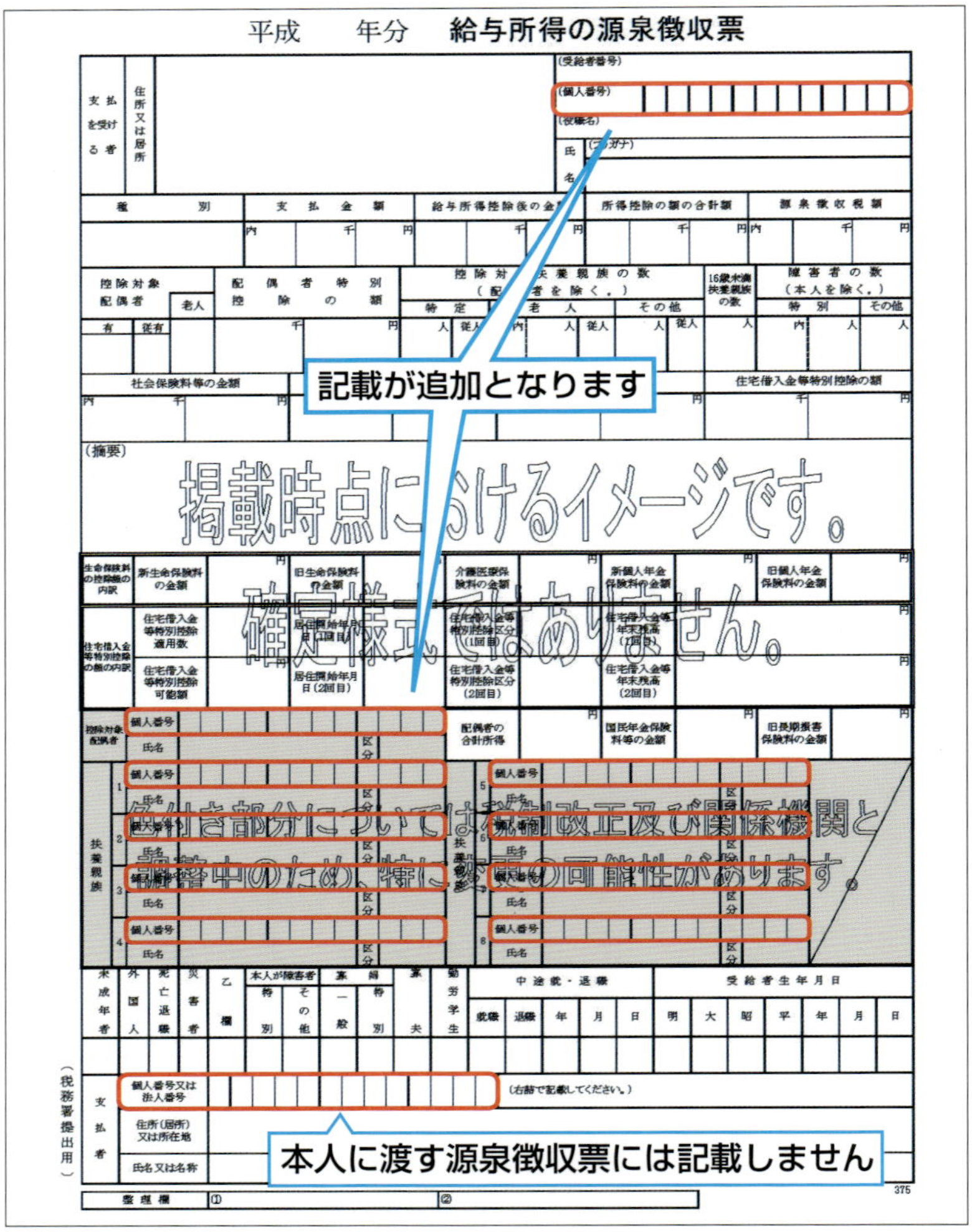

＊国税庁ホームページより

るものもあるので注意が必要です。一例を挙げると源泉徴収票では、まず、用紙のサイズがＡ６サイズからＡ５サイズに一回り大きくなります。

増える記載内容は３点で、「支払いを受ける者の個人番号」「控除対象配偶者及び扶養親族の個人番号」「支払者の個人番号又は法人番号」の記載欄が新たに設けられます。

このほかに、雇用保険や健康保険など社会保障関連の書類でも変更を予定しているものがあります。

また従業員などに個人番号を提示してもらうのは、平成27年10月以降個人番号の通知が行われるようになった時点から可能になります。早めに準備して混乱を避けるようにしましょう。

□マイナンバー制度施行後の健康保険・厚生年金保険被保険者資格取得届、雇用保険被保険者資格取得届

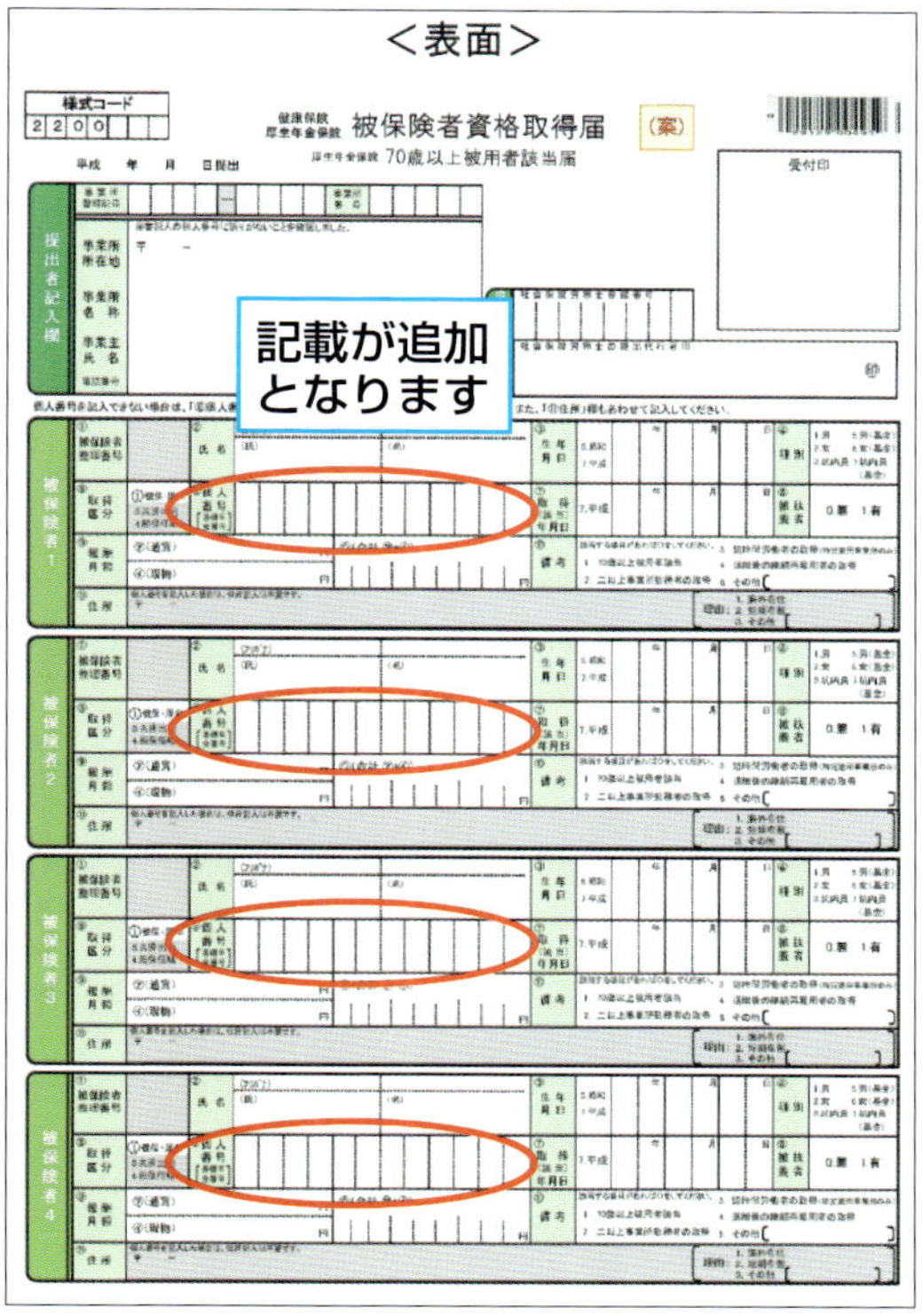

＊厚生労働省ホームページより

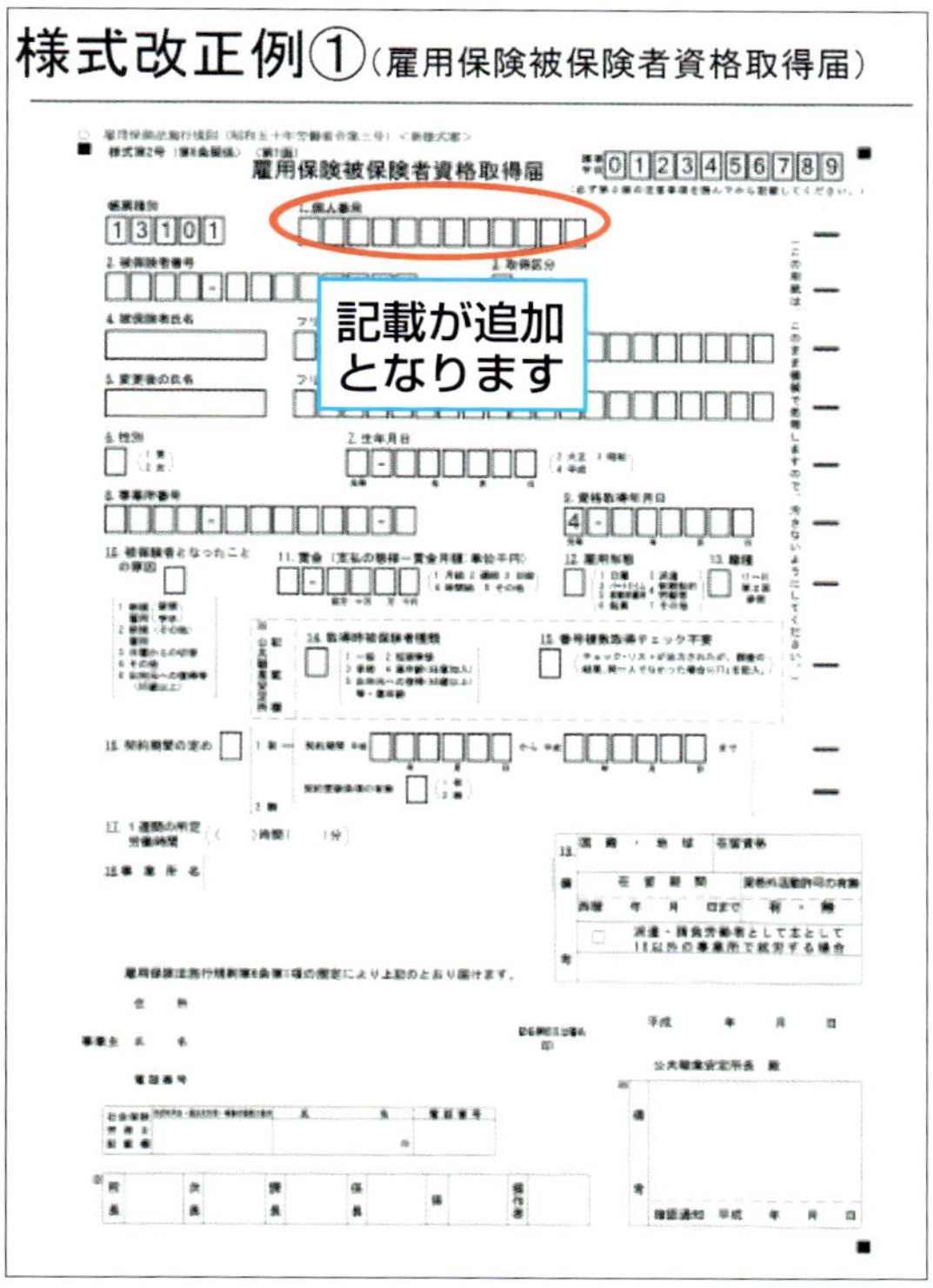

＊厚生労働省ホームページより

□マイナンバー制度施行後の支払調書

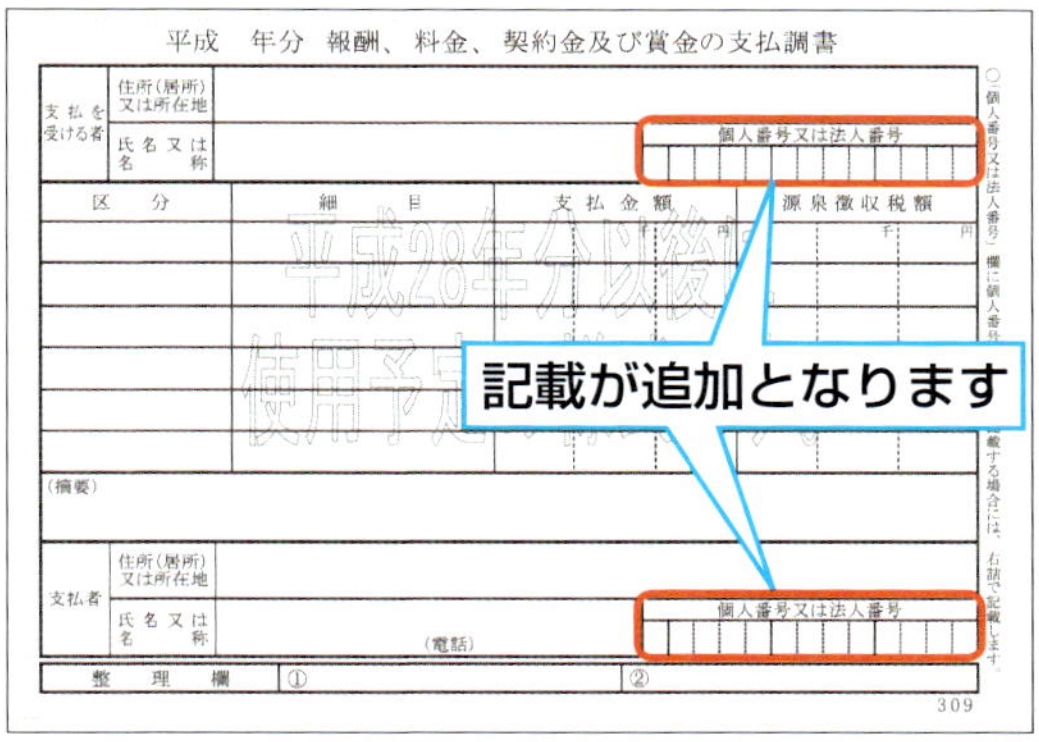

＊国税庁ホームページより

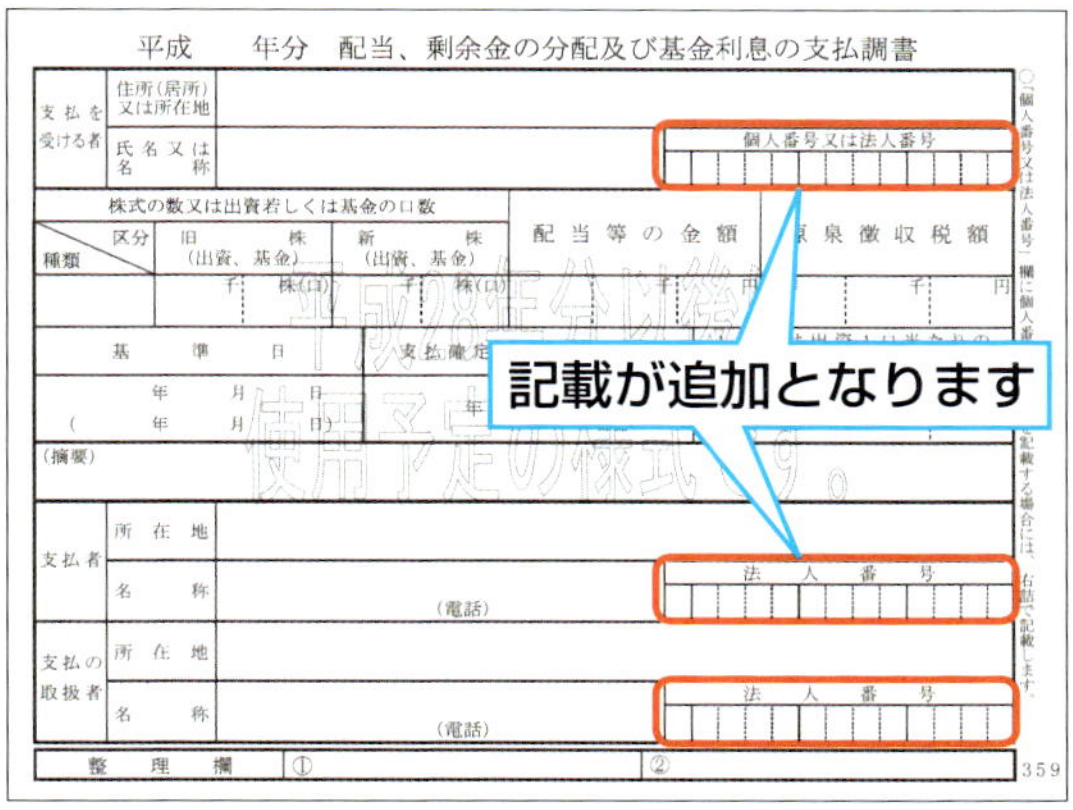

＊国税庁ホームページより

個人番号取扱いの注意点

個人番号は法令で定められた場合でしか、取得することができません。なお、個人番号を見ただけではたとえそれを記憶していたとしても「収集」にはあたりません。

取得・利用・提供の注意点

個人番号取得の際には、相手に利用目的をしっかりと伝えるか公表しなければなりません。また、厳格な本人確認が必要となります。

利用目的は、たとえば、「源泉徴収票に記載するので個人番号を提示してほしい」のように伝えます。利用目的は複数の目的を一度に伝えることもできますが、通知または公表した利用目的以外には個人番号は利用できません。ですから「源泉徴収票に記載」と伝えて取得した個人

番号を雇用保険の関係書類に記載することはできないのです。追加したり変更する際には、あらかじめ個人番号の提供者に通知したり、公表する必要が生じます。

いちいち個別に利用目的を伝え、そのつど、個人番号を取得していては、提示する側も取得する側も大変です。書面で複数の使用目的を明示しておけば、証拠も残りますので、合理的です。

個人番号取得の際に注意しなければならないのが、「なりすまし」ですので、個人番号のみでの本人確認は認められていません。取得の際には正当な持ち主であるという身元確認が必要となります。代理人によって個人番号が提示される場合は、代理権の確認や代理人の身元確認、本人の番号確認が必要になります。個人番号取得の際には、「本人の個人番号確認」と「本人の身元確認」が必須です。

従業員が個人番号カードを持っているときは、顔写真つきの表面で身元確認を行い、裏面で個人番号を一度に確認することができます。しかし、そうでない場合には、通知カードまたは個人番号つきの住民票と顔写真のついた運転免許証またはパスポートなどで本人確認する必要があります。

ただし、従業員が作成義務がある扶養控除申告書で扶養親族の個人番号を提出する場合だけは、その従業員が家族の本人確認をすることになっています。

個人番号の利用や提供は、税・社会保障・災害対策の3つの場合に限られていますので、それ以外の利用・提供はできません。これらの目的以外では、個人番号を聞くことも禁じられています。個人番号の取り扱いには厳しい規制が設けられていますが、これも個人番号という大切なものを安全・安心に使っていくために必要なことなのです。

保管・管理の注意点

個人番号や特定個人情報（個人番号をその内容に含む個人情報）は、法律で明記された場合以外は保管することができません。しかし、法律で定められた場合は、保管し続けることができます。

また個人番号が記載された書類の中には一定期間保管が義務づけられる書類もあります。そういった書類は厳重な管理のもと、保管しなければなりません。

そして、法令で定められた保管期間を過ぎたり、退職などによって必要でなくなった場合は、速やかに「廃棄」「削除」しなければなりません。

そのためには、個人番号や特定個人情報は、まとめてファイリングして保管し、必要がなくなった時点で適宜「廃棄」「削除」するようにしましょう。

マイナンバーの取り扱いには細心の注意が必要です。もし、あなたが個人事業主で従業員の個人番号を第三者に売却すれば、4年以下の懲役または200万円以下の罰金（併科されることもある）が科せられることもあるのです。

安全管理措置

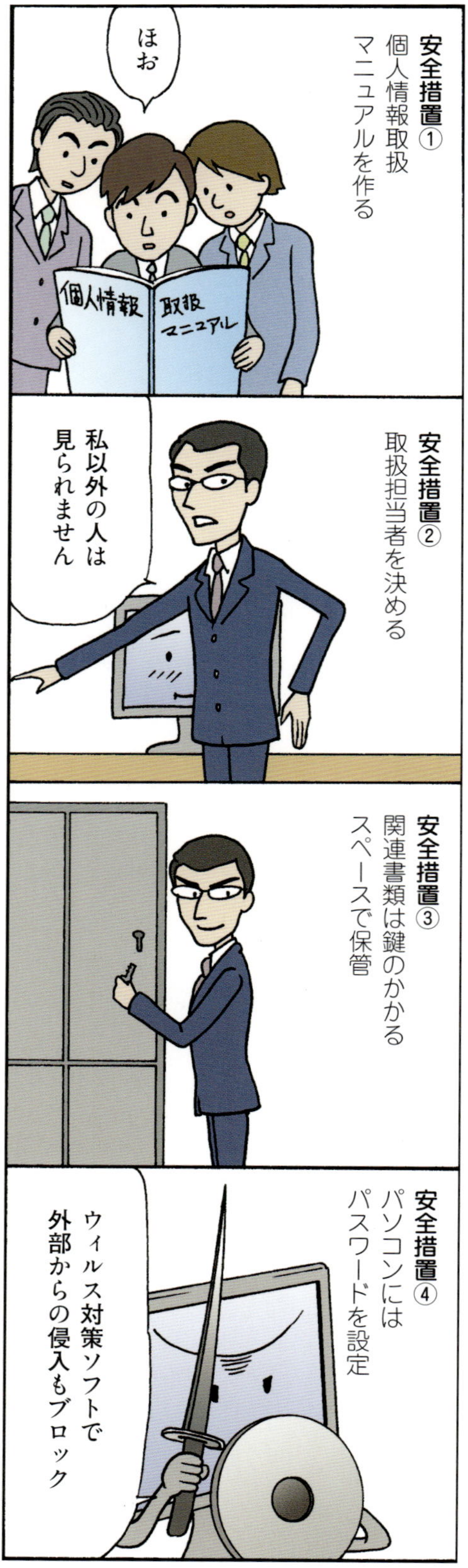
安全措置① 個人情報取扱マニュアルを作る
ほお
個人情報 取扱 マニュアル
安全措置② 取扱担当者を決める
私以外の人は見られません
安全措置③ 関連書類は鍵のかかるスペースで保管
安全措置④ パソコンにはパスワードを設定
ウィルス対策ソフトで外部からの侵入もブロック

個人情報が安全に使われるには、さまざまな措置が必要となります。事業の特性や規模によって対応は異なるでしょうが、ある程度の従業員がいる個人事業や法人の場合、基本方針を決めるといいでしょう。

組織的・人的安全措置

まず、基本方針を作定し、法令を遵守するためにどのような管理体制を敷き、問い合わせや苦情や相談があった場合にどう対応するかを決めておきましょう。

次に、特定個人情報の取扱マニュアルを作成します。やっていいこと、いけないことや個人番号取得から利用、廃棄までの手順を明確にしておきます。こういったマニュアルは、従業員なら誰でも簡単に見られるようにしておきましょう。

また、事務取扱担当者を明確に定めて、

担当者以外は、個人番号を目にしたり、取り扱ったりしないように徹底することが大切です。事務取扱担当者がほかの人に特定個人情報が記載された書類を持ってくるように頼むことも情報漏えいの原因となるので気をつけましょう。

　大規模な会社では、取扱責任者の下に複数の事務取扱担当者を置くようなシステムになるでしょう。その場合、情報の取扱いに習熟した取扱責任者が事務取扱担当者たちを管理監督し、教育するようにします。

●物理的・技術的安全措置

　安全に個人情報を扱うためには物理的な措置も必要です。事務取扱担当者が個人番号を取り扱うスペースは、壁で囲まれた空間にしたりパーティションで仕切って、中が見えないようにします。そのような措置が難しい場合でも、のぞき見されないように机の位置を工夫したりしましょう。また、個人番号が記載された書類はカギがかかるキャビネットに保管し、常に施錠しておくようにします。

　特定個人情報を保存するパソコンには、パスワードを設定し、事務取扱担当者だけがパスワードを知っている状態にしておきましょう。常に最新のウィルス対策ソフトを導入し、外部からの不正アクセスを防ぐ措置を講ずることも大切です。

　大規模な企業では、個人番号を取り扱う部屋を設けて、その部屋へ出入りできる人を担当者に限定したり、出入りの際には、誰がいつ入室したかわかるような管理方法をとることも重要です。

　個人番号の取扱いについては従来の個人情報保護法よりも厳格な罰則規定がありますので、さらなる注意が必要となるのです。万一、従業員の個人番号が流出してしまったら、従業員と会社の信頼関係が失われるだけでなく、社会的信用も失墜してしまうでしょう。

●個人事業主や法人の準備

　個人事業主や法人の場合は、個人で個人番号を扱うときよりも、早くから入念な準備が必要となります。

　まず、どのような場合に個人番号が必要になるかを洗い出します。多くは従業員や扶養親族の個人番号を取得、利用し、保管することになると思われますが、「源泉徴収票」「年金」「健康保険」「雇用保険」に使用するのがほとんどなので、それらを想定してマニュアルを作成し、従業員から個人番号の提供を受ける際にすぐに提示できるよう準備しておきましょう。

　また、個人番号取得前に安全対策はきちんとできているかを確認しておきましょう。事務取扱担当者や個人番号の保管場所を決めていないうちに、個人番号を取得してしまうと混乱が生じて、情報漏えいの原因になってしまいます。

　さらに、いつまでに従業員の個人番号を取得しておけばいいのか、スケジュールを確認し、余裕をもって取得できるようにしましょう。

法人番号とは

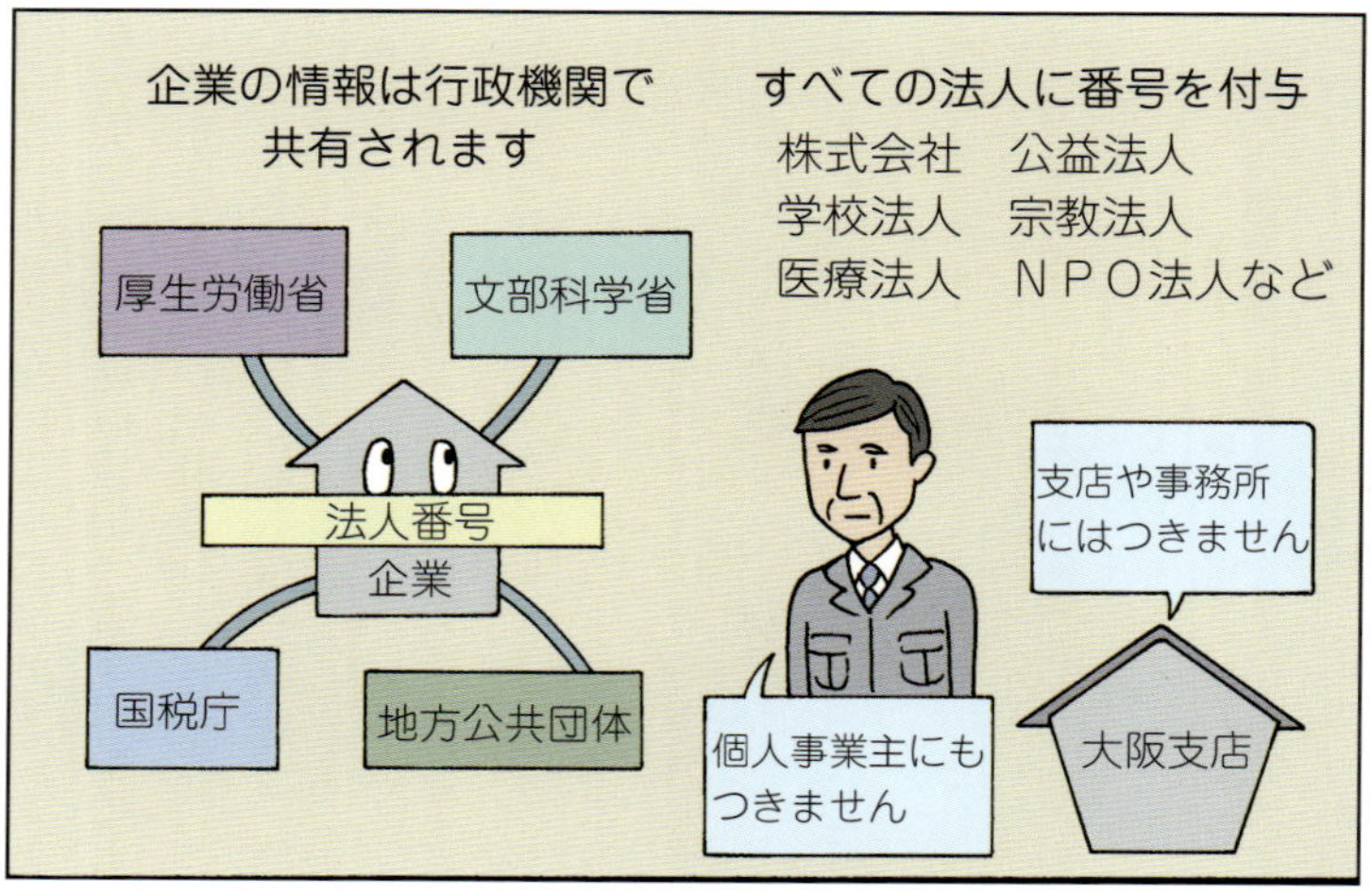

法人には13桁の法人番号が付与されます。これは国税庁が法人の識別のためにつける番号で、日本で設立し、登記をした法人に対しては必ず指定されます。

どこに法人番号が付与されるのか

法人番号は「株式会社」「合名会社」「合資会社」「合同会社」「社団法人や財団法人などの一般・公益法人」「特殊法人」「学校法人」「宗教法人」「医療法人」「社会福祉法人」「ＮＰＯ法人」などのすべてに付与されます。法人登記がされていない個人事業主には付与されません。また支店や事業所にも与えられません。

それ以外にも「衆議院」「参議院」「文部科学省や警察庁などの各省庁」「最高裁判所や高等裁判所」などの国の機関にも法人番号はつけられます。また「都道府県」や「市区町村」などの地方公共団体にもつけられるのです。

さらには、人格のない社団や登記がない法人であっても、一定の条件を満たすと法人番号がつけられます。外国の法人や健康保険組合でも請求すれば、法人番号はつけられます。法人番号は、組織変更があってもその番号は変わらず、法人や団体が解散したあとは、その番号が使い回されることはありません。

法人番号の活用方法

法人番号は、個人番号は同じように平

成27年10月から送付され始めます。1法人に1つの固有の番号となります。通知先は登記上の所在地になります。もし本店が引っ越して所在地の変更手続きを行っていない場合には、変更前の本店所在地に送られてしまいますので注意しましょう。

法人の名称と所在地、法人番号は、インターネットを通じて公表されます。利用範囲には制約がないので、誰でも自由に見ることも利用することもできます。法人番号が公表されても特にデメリットやリスクはないと思われますので、個人番号と違ってこのような措置が取られているのです。

□法人番号のメリット

「わかる」	名称・所在地が「わかる」
「つながる」	複数の取引先情報が集約され「つながる」
「ひろがる」	企業と行政間のやりとりの簡易化、ネットによるサービスが充実し「ひろがる」

法人番号のメリット

法人番号のメリットの第一は「わかる」ことです。まずその法人の最新の名称や所在地がわかります。取引先を登録したり、変更をするときに簡単にできるようになります。

次が「つながる」です。取引先の企業が複数にまたがっていたり、多くのグループ会社がある場合、それらは異なったコードで管理されていることが多いのですが、法人番号があれば、それらを法人番号1つで名寄せし、取引先の情報を集約し、取りまとめることができるようになるのです。

最後が「ひろがる」です。個人が複数の行政機関に行かないと受けられなかったサービスの手続きをインターネットで一度に実行しようとするのがワンストップサービスですが、それが企業と行政の間でも行えるようになるという期待がもたれています。

また官公庁に提出する書類が削減され、効率がよくなるのではないかという期待もあります。そうなれば、企業の事務負担が軽減されることになります。

さらに、法人番号が公表されているホームページを活用して、より人々に役立つ情報を提供できるようにもなるのではないでしょうか。

法人番号の将来

法人番号制度が導入され、実施されるようになると、将来的にはさまざまな効率化が図られるでしょう。

たとえば、今まででしたら、複数の申請を企業がする場合、必要な書類が同じであってもそれをそれぞれ提出しなければなりませんでした。しかし法人番号が活用されるようになり、行政機関が企業を法人番号で管理するようになれば、一度提出した企業情報は、改めて提出する必要はなくなります。官公庁同士で情報を共有できれば、自動的に相互にその内容が伝わるようになるのです。

個人事業主に想定されるリスク

マイナンバー制度が導入されると、経済基盤が脆弱な個人事業主は、大きなリスクを背負う可能性があります。

コンピューターウイルスの侵入や うっかりミスから情報が漏えい社会的信用を失う
ウイルス
経営難に陥る

信頼が大切な雇用関係

大学生のアルバイトを3～4人雇って定食屋を経営している個人事業主を想定して、そのリスクを考えてみましょう。

アルバイトの学生たちと店主の関係はあまりよくなく、互いの信頼関係があまりなかったとします。すると、マイナンバー制度導入で個人番号を提示しなければならなくなると、「どうもあの店主は信用できないな。個人情報が漏れるんじゃないか」とバイト仲間と相談して、マイナンバー制度がきっかけとなって全員が辞めてしまう。こんなケースが考えられます。

新しい人を雇うためには多額の広告費が必要で、このために廃業を余儀なくされることもないとはいえません。ですから特にマイナンバー導入時期には、雇用関係を良好にしておく必要があるのではないでしょうか。

情報漏えいのリスク

個人事業主の場合は、法人より経済的な余裕がないことが多くあります。そんな中、特定個人情報を保護するための投資は大きな負担になる可能性があります。

カギつきの戸棚程度なら用意できるでしょうが、特定個人情報をパソコンに保存する場合、コンピューターウィルスなどから情報を守るのは容易ではありません。常に最新のセキュリティソフトを更新するためには多額の費用が必要となります。こういう場合は、特定個人情報の管理をどうするか、十分検討し、工夫する必要があるでしょう。

たとえば、パソコンに情報を入力するにしても、インターネットに接続しないパソコンを設けて、そこで管理するとか、USBのような記録媒体以外には記録しないとか、特定個人情報を扱っているときはネット接続しないなどの方法もあります。また、パソコンを使わずにアナログ的な保存だけにすることも考えられるでしょう。

個人番号を取引先に渡すリスク

業種によっては取引をして報酬をもらうときに相手に個人番号を提示しなければならないケースも出てきます。

マイナンバー制度が導入されると、あまり信用できない取引先であっても、報酬を受け取るためには個人番号を教えなければなりません。しかも取引先は通常、複数あるので個人情報が漏えいする可能性も高まってしまうのです。

弱い立場の個人事業主では、情報流出が致命的になるケースも考えられます。たとえば、ある下請け業者が個人事業主として生計を立てていたとします。

彼はAという企業とそのライバル会社であるBの仕事で主な収入を得ています。しかし、個人情報が流出し、AとBの仕事をしていることがわかってしまい「ライバル社の仕事をするならもう仕事は頼まない」と言われてしまう。こんな可能性もあるのです。

システム導入で経営危機に

マイナンバー制度導入で安心するためには、すべてを専門家に任せてしまうのが一番いいのかもしれません。ただ、それにはかなりの経費がかかるでしょう。経済的に余裕があればいいのですが、個人事業主の大半は資金繰りに困っているのが現状です。

ですから、すべてお任せにしてしまうとそれが経営を圧迫して経営危機に陥ることも視野に入れておかなければなりません。この部分は専門家に任せるが、この部分は自分でやる。ここは、無料で相談できる行政機関を極力利用するなど工夫していかないと、予想外の費用がかかることになるでしょう。

納税額の増大

富裕層の場合、マイナンバー制度の導入で今までできていた節税ができにくくなるかもしれません。では、どういったことになるのでしょうか。

◉8割がサラリーマンの日本社会

２０１５年（平成27年）の総務省「労働力調査」によれば、日本人の労働形態は、正社員が３２６５万人、パートやアルバイトなどの非正規社員も含めると５２４５万人が給与で暮らしていることになります。

生産年齢人口（15〜64歳）は７９０１万人で、そのうち仕事をしている人は６３４２万人ですから、就労者の約83％が雇われて給与で生活していることになります。

じつはサラリーマンのような給与生活者にとっては、マイナンバー制度のデメリットは「個人情報が流出すると芋づる式に多くの情報が流出してしまう可能性がある」という一点に集約されるといっていいでしょう。しかし、その他のデメリットは「国家による管理が強化される」などで実際に金銭的な影響は現在のところ、あまりありません。ではいわゆる富裕層ではどうなるのでしょうか。

◉節税が難しくなる？

税務署の課税捕捉率を示す「10《トー》・5《ゴー》・3《サン》」という言葉がよく使われます。

□8割がサラリーマンの日本社会

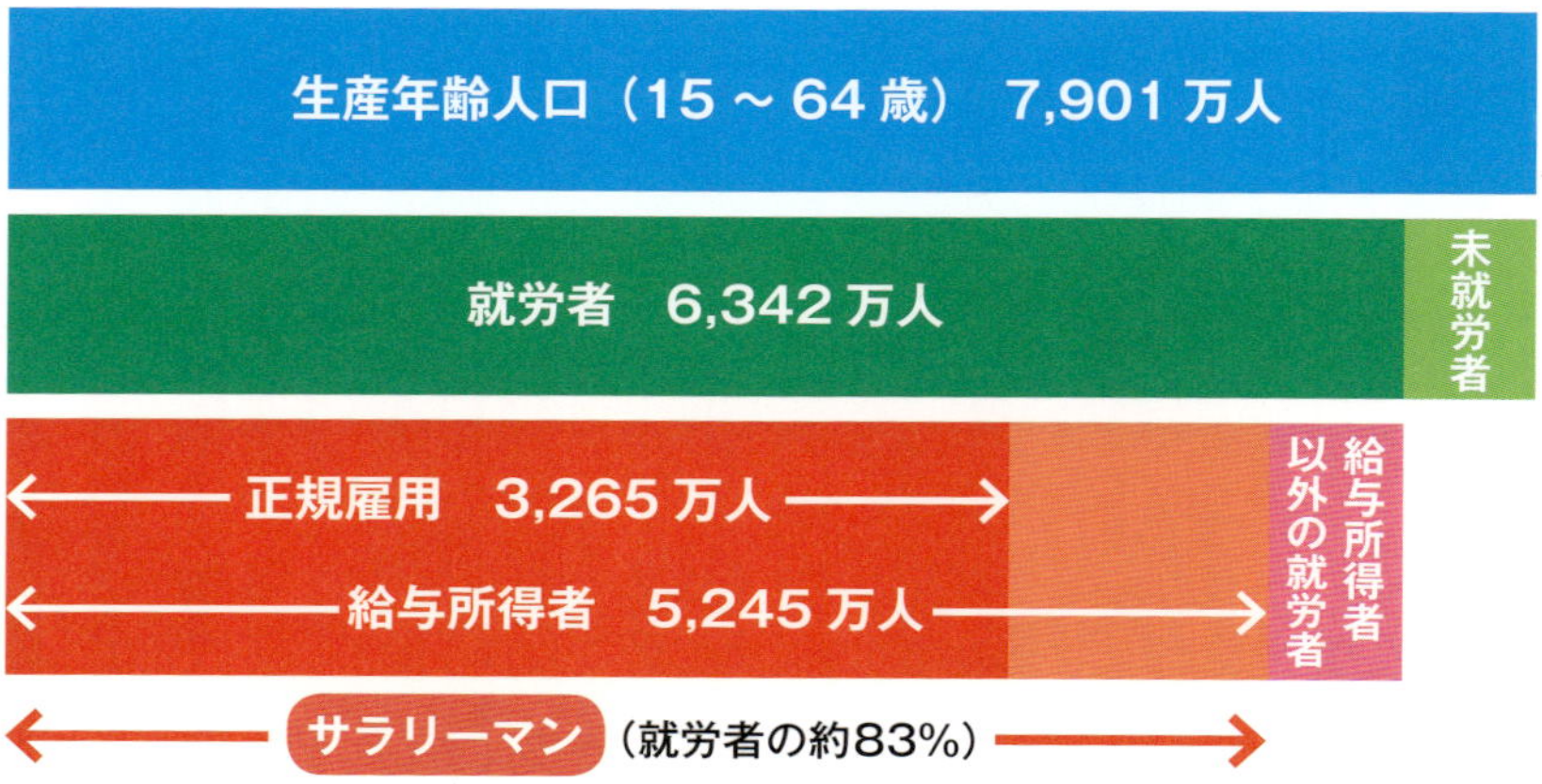

＊2015年の総務省「労働力調査」より

これは、サラリーマンなどの給与生活者は収入の10割を税務署に掌握され、1円も税金をごまかすことができないが、自営業者は5割しか掌握されず、さらに農業や水産業は3割しかわからないということを表しています。

富裕層で自分で会社を経営したりしている人は、今度のマイナンバー制度導入に関しては、給与生活者とは温度差があり、大きな危機感を持つ人が多いといっていいでしょう。

つまり簡単にいえば、今まで経営者は、給与生活者に比べて、税金面で節税できるシステムができあがっていたのです。

富裕層は有能な税理士と契約することができるので、どうやったら節税できるか、スレスレのところを指南されます。それを実行すれば、法律に違反しないで、最大の節税ができるようになるのです。

じつは税務署は、細かい数字を見てその納税額が適切かどうかを判断するわけではないのです。収入や支出などをベテランの税務署職員が見て「これはおかしい」と感じた企業に税務調査を入れているのです。

しかし、マイナンバー制度はさまざまなお金の流れが明らかになってしまうシステムで、しかも政府はマイナンバー制度導入の目的の1つに「公平・公正な社会の実現」を掲げています。そこには当然「税の公平化」が含まれています。

そこで、マイナンバー制度導入によって、厳しく課税する政策が実施される可能性が高いと富裕層の人たちは考えているのです。

格差社会は解消するか

日本では格差社会が進行しています。平成25年の厚生労働省「国民生活基礎調査」によれば、平均年収300万円以下の世帯が32・77％にも及んでいます。

その一方で、スイスの大手金融機関が2014年（平成26年）に公表したデータによれば、100万ドル以上の純金融資産を持っている富裕層世帯に属する日本人は270万人います。これはアメリカに次いで2番目に多い人数です。

日本で貧富の差が広がっていることは

確実です。政府としては、この格差を縮めることが重大な政治課題であることは間違いないでしょう。30％を超える所得300万円以下の層に支持されれば政権は安泰です。

富裕層はそれを危惧しているのです。富裕層からしてみれば、累進課税によって低所得者よりはるかに高い税率で税金を払い、金額も比較にならないほど多く納めているのです。これ以上締めつけられたら立つ瀬がないということでしょう。

□【参考】所得税の速算表

（平成19年分から平成26年分）

課税総所得額	税率	控除額
195万円以下	5%	0円
195万円を超え330万円以下	10%	97,500円
330万円を超え695万円以下	20%	427,500円
695万円を超え900万円以下	23%	636,000円
900万円を超え1,800万円以下	33%	1,536,000円
1,800万円超	40%	2,796,000円

↓

（平成27年分以降）

課税総所得額	税率	控除額
195万円以下	5%	0円
195万円を超え330万円以下	10%	97,500円
330万円を超え695万円以下	20%	427,500円
695万円を超え900万円以下	23%	636,000円
900万円を超え1,800万円以下	33%	1,536,000円
1,800万円を超え4,000万円以下	40%	2,796,000円
4,000万円超	45%	4,796,000円 ← 富裕層狙い

＊1　所得税額＝課税総所得額×税率－控除額

＊2　課税総所得額＝年収－給与所得控除－その他控除（基礎控除、社会保険料控除など）

＊3　平成25年1月1日から平成49年12月31日までの間、復興特別所得税として2.1%上乗せされます（45%→45.945%）

資産への課税を危惧する富裕層

日本では資産100億円、所得200万円の人よりも、資産0円、所得400万円の人のほうが税金も保険料も多く納めています。

富裕層が恐れていること

現行の社会保障制度や税制に対して、「総合的な資産に対して社会保険料を徴収したり課税するのが公平だ」と考える人たちもいます。

しかし、1年間の所得ではなく、総合的な資産に課税しようという動きが進展することはありませんでした。その理由はごく単純で、国家が国民1人1人の総資産を把握する手段がなかったからです。

それがマイナンバー制度が導入されると制度上、国民1人1人の総資産を把握することができるようになるかもしれないのです。もちろん、平成28年（2016年）1月の時点でそうなるわけではありません。

しかし、法律は改正することができます。たとえば、銀行口座などを開設するときには個人番号を提示することが義務化されたり、政府が個人番号の情報を一元化して管理できるとなれば、個人の総資産が国家によって把握される大きな第一歩となるわけです。

総資産が把握されれば、それに課税するという法案が成立する可能性があります。成立すれば、それに従うしかなくなるのです。特に富裕層は少数派なのでそういった法律が成立する可能性は高いといえるでしょう。富裕層が何より恐れていることは、総資産に対して課税されることなのです。

総資産10億円の人に1％課税しても1000万円の収入になるのですから、国家としては、こんなにいい話はないのです。

富裕層の対抗策

マイナンバー制度導入→法改正で個人の総資産が国家に把握→総資産に課税……こういったシナリオを富裕層は恐れています。ですから富裕層は、マイナンバー制度導入に反対した人が多かったのです。

□富裕層の憂うつ

マイナンバー制度導入
法改正で個人資産を国家に把握される
課税額の増加

もし富裕層に不利な政策が実施されるとどうなるのでしょうか。まず第一に考えられるのは、預金を海外に持ち出すことです。海外の銀行に預金してしまえば、政府に預金額を把握されることはありません。ただ、現在は日本の銀行と富裕層は互いに持ちつ持たれつの関係にあります。

銀行は富裕層からの預金で潤沢な資金を持つことができますし、富裕層は銀行から融資を受けて事業をさらに展開することができるのです。しかし政策が富裕層に不利になれば、外国の銀行に乗り換えることは十分考えられるのです。

このように富裕層が日本から離れてしまうと、株式投資や預金が海外へ流出し、経済が空洞化してしまいます。株価の暴落や国債金利の暴騰などが起こる可能性があります。さらに海外に移住されれば、富裕層からの税収入もなくなるのです。そうなると日本経済の破綻が見えてくることになります。

富裕層の海外移住が促進される?

税制の問題は国の方針と直結しています。「国をどうするか」という問いに答えを出す前段階なのかもしれません。

マイナンバー政策が示す未来

税制を整備するためには、国民の所得を政府が把握しなければなりません。しかし、現在のところ、それができていないのが現状なのです。ですからマイナンバー制度を成功させることは政府の悲願でもあるのです。

ところで先ほど、日本は貧困層と富裕

層が二極化しているという話をしました。金持ちであっても貧乏であっても選挙のときに持っている票は同じ1票ですから、貧困層が喜ぶ政策、つまり、貧困層には減税し、富裕層には増税すれば、政権は安泰と考えるかもしれません。

しかし、世の中はそう単純にはいかないようです。日本の経済を動かしているのはごく少数の富裕層なのです。したがって富裕層が嫌がる政策を進めるわけにはいかなくなるのです。

税制の難しさ

現在、政府は法人税を下げる方向でいます。なぜこのような政策をとるかというと法人税が高いと外国の企業が日本に進出してくれないだけでなく、日本の企業も海外へ出ていってしまう可能性があるからです。

日本の法人税率は平成26年の段階でアメリカ、フランス、ベルギーに次いで世界第4位の実効税率32・11%であるのに対して、お隣の韓国は24・2%です。もし東アジアへの進出を考えている企業があったとして法人税では日本は大いに不利といえるでしょう。

企業の海外進出も問題です。日本に地盤がないと困る企業は別ですが、IT企業やベンチャー企業は、どの国にあっても大した問題ではないので日本人が創立した企業でもすぐに海外に拠点を移してしまうのです。

お金に余裕のある地方自治体は、ほとんどが大企業に支えられています。大企業が本社や工場、研究所などの施設をその土地に建ててくれることで、多額の固定資産税を支払ってくれるのです。それと同じで、企業が日本に居ついてくれなければ国の財政は成り立たないのです。

超過累進課税制度

法人税と企業の関係に似た現象が所得税と富裕層の間にも起こっています。つまり、日本の富裕層が海外に流出して、海外に所得税を支払うようになっているのです。日本の所得税は所得が高い人は税率が高くなる超過累進課税です。そして最高税率は、平成27年現在で4000万円を超える所得に対して45%（復興特別所得税を加えると45・945%）です。それに対してシンガポールは20%程度、香港は20%未満です。

富裕層の間で人気が高いのが、シンガポールです。シンガポールは相続税や贈与税がないばかりでなく、資産を運用したときに課税されるキャピタルゲイン課税もゼロなのです。住みやすいことも人気の要因です。治安がよく、英語が通じる。日本食に困らない。ゴミを捨てたりすると罰金が高額なので、街もきれいだ。以上のよい条件がそろっている。難点は物価がやや高く、日本から遠いことぐらいではないでしょうか。

しかし、それでもまだ、富裕層がこぞって海外に移住してしまっているわけではありません。それはやはり日本がいい国だからでしょう。人々はみな親切だし、自然が豊かで四季が楽しめる。日本語が通じるし、何より食べ物がおいしい。このような良さがあるからこそ、経済的には不利な日本を離れないのです。

特定銘柄へ投資

富裕層にとってマイナンバー制度は悪いことだけではありません。この制度の導入によって株価が上がる企業が間違いなくあり、その企業の株を買えば、もうかることは確実だといわれているからです。

富裕層はＩＴ株で儲ける

ではどんな企業の株価が上がるのでしょうか。まず、ＩＴセキュリティを専門にしている大手企業で、官公庁からの受注が多い企業は株価が上がると思われます。

注目されている企業は次のとおりです。

まず、ＮＴＴデータは、住基ネットを構築した実績があるので、今回のマイナンバー制度導入でも中心的な役割を果たすと見られています。富士通やＮＥＣも官公庁での実績があり、大変有望だと考えられています。

また、野村総研や日立などの大手システムベンダーにも受注があると考えられます。

ＩＴｂｏｏｋは大企業ではありませんが、ＩＴコンサルタント企業として急成長しています。官公庁のＩＴコンサルタントとして実績があるだけでなく、地方自治体にも強みをもっています。

ジャパンシステムは「ファスト」という財務会計システムがあり、これが大きな武器になっています。このシステムは人口5万～50万人の小中規模の地方自治体に使い勝手がいいという特徴があります。

セキュアヴェイルは、セキュリティの専門家集団で、24時間３６５日サポートできる仕組みを構築して同業他社との差別化を図っています。社員数50人ほどの会社ですが、株価は急上昇しています。

そのほかに、ラックは情報セキュリティ技術に強く平成26年にはＫＤＤＩと資本提携しています。自治体や金融関係に強みを持っているアイネスはマイナンバー制度の導入で、自治体に購入されたシステムの変更が予想され、大きな利益が期待されています。ＤＴＳも年金系に強いので大幅な成長が見込まれています。

フリービットは企業にインフラや技術を

提供する点に強みがあります。

これらのＩＴ企業は、利益を上げて株価も上昇すると思われますが、いずれにしてもすでにほとんどの株が値上がりしていて、まさしく富裕層でないとなかなか手が出ません。

印刷会社株

株の専門家たちは、ＩＴ関連企業だけでなく、印刷会社の株価にも注目しています。それは、個人番号カード需要が見込まれるからです。

このカードがもし日本人全体に行きわたれば発行総数は１億２７００万枚にもなるのです。しかも有効期限がありますから、永遠に稼ぎ続けるヒット商品となるわけで、凸版印刷、大日本印刷、富士フイルムといった大手印刷会社が仕事を受注することになると思います。このような大企業の株を買うには資金が必要ですが、少ない資金で成果を上げるための狙い目は、こういった大企業の下請けをしていたり、原材料を提供している企業です。

人材派遣業と広告代理店

人材派遣会社も大きな利益を上げる可能性があります。マイナンバー制度導入の前後は、官公庁や地方自治体への問い合わせが殺到すると予想されます。

その際必要になるのは、コールセンターで受話器を取る人材です。リクルートホールディングスのような大手の人材派遣会社は、一時的でしょうが大きな利益を上げることになるでしょう。

また、政府も導入の時期が近づくとさまざまな告知活動をすると思われます。すると電通や博報堂のような大手広告代理店、そしてチラシ印刷会社や新聞社などが潤うことになるでしょう。

富裕層はこのような企業の株を多く保有して値上がりを待っているのです。私たちもマイナンバーで成長する企業を探してもうけることができるかもしれません。

住民税の
普通徴収
自分で税金を納付する
特別徴収
給料から税金が
天引きされる
コンビニでＯＫ
給与からの
控除項目
健康保険
厚生年金
雇用保険
所得税
住民税
納め忘れないし
なにもしなくて
いいから
楽ちん
副業を知られ
たくなかったら
自分で納める

サラリーマンの副業がバレる？

低収入の時代となって副業をしているサラリーマンやＯＬも多くなっています。転職情報誌の調査では５人に１人が副業をしているという結果が出ています。

庶民にも大きな影響が……

じつはマイナンバー制度によって影響が出るのは富裕層だけではありません。今までグレーゾーンだった部分を明白にするのがマイナンバー制度です。ですから、うまく立ち回ってちょっと得をしていたグレーゾーンにも光が当てられ、「得」がなくなる可能性が高いのです。

副業が会社にバレる？

もちろん、会社も容認とはいわないまでも、目くじら立てて追及することもなかったのです。それが徹底的に厳格化され、一切できなくなるかもしれないということなのです。

社内規程には「会社の許可なく副業をすることを禁止する」とある企業がほとんどです。そのために、会社に内緒で副業をしている人が多いのも事実です。

また副業の禁止規程はなくても、キャバクラなどで副業しているために会社に知られたくないという人もいるでしょう。副業をしているサラリーマンやＯＬに

とってマイナンバー制度の導入で最大の関心事は、「個人番号で副業がバレるのではないか」ということだと思います。副業禁止の会社で副業をすれば、最悪の場合、懲戒解雇という結果もありえます。副業といっても収入に大きな割合を占める人もいますから、それがもしできなくなれば、死活問題といえるでしょう。

ではなぜ副業がバレてしまうのでしょうか。まず、納税のシステムから見てみましょう。

□マイナンバー施行後の所得税の確定申告書B 第1表

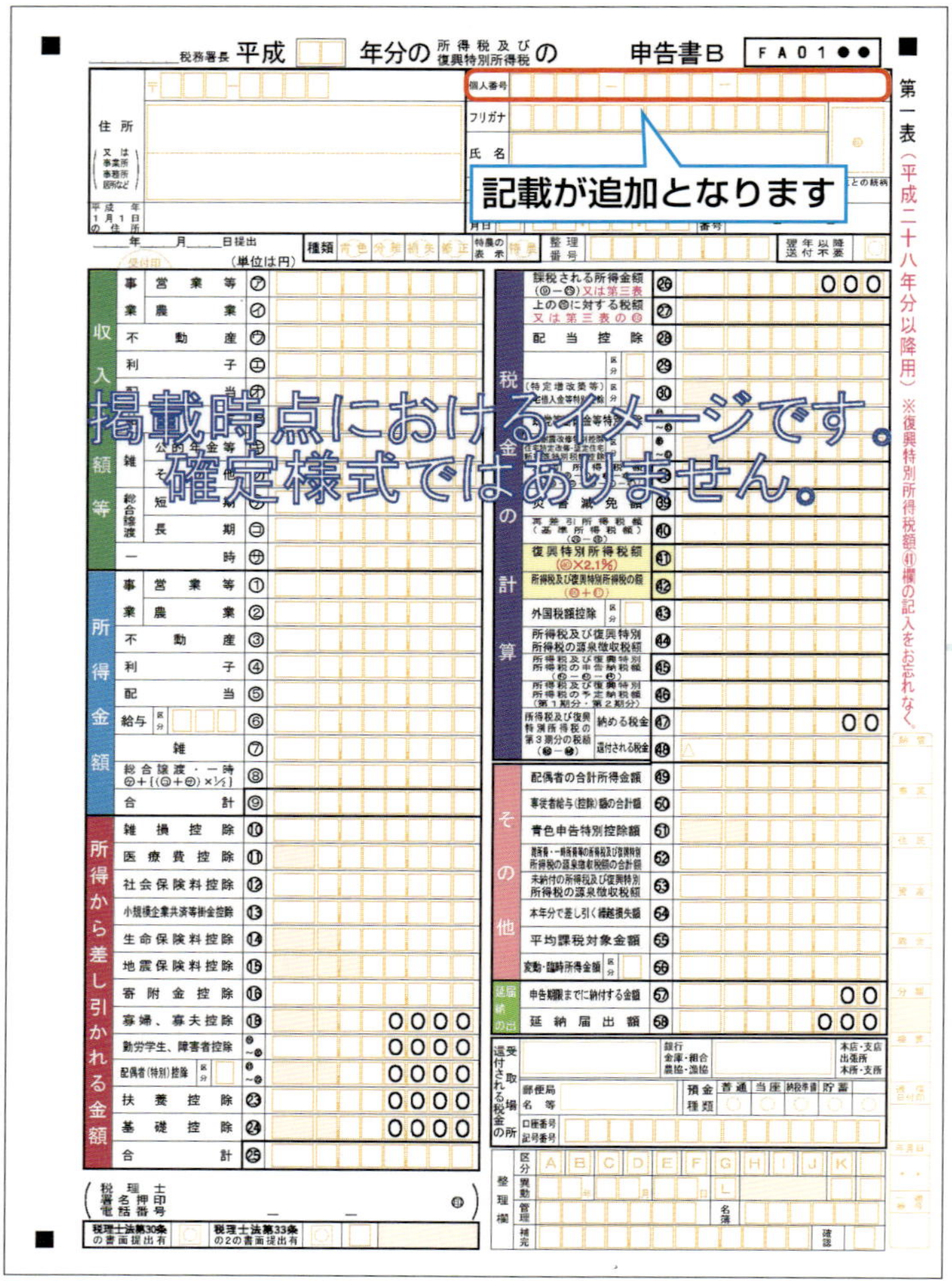

＊国税庁ホームページより

住民税でバレる？

会社員の場合、副業による収入は「事業所得」や「雑所得」になります。雑所得の場合には、年間の所得金額の合計が20万円以下なら、確定申告は不要ですが、20万円を超えた場合には、確定申告をしなければなりません。確定申告をしないと脱税になる可能性があるのです。

確定申告をすると副業などで得た所得に住民税が課せられます。サラリーマンやOLの場合、住民税額は会社に通告され、給料から天引きされます。

その額が他の社員に比べて多かったとしたら、給料以外の収入があったことが推定できます。それで副業がバレてしまうのです。

副業をバレないでするには

ではどうしたらバレずにすむのでしょうか。所得税の確定申告をする際に提出する確定申告書には、住民税の特別徴収

□マイナンバー施行後の所得税の確定申告書B 第2表

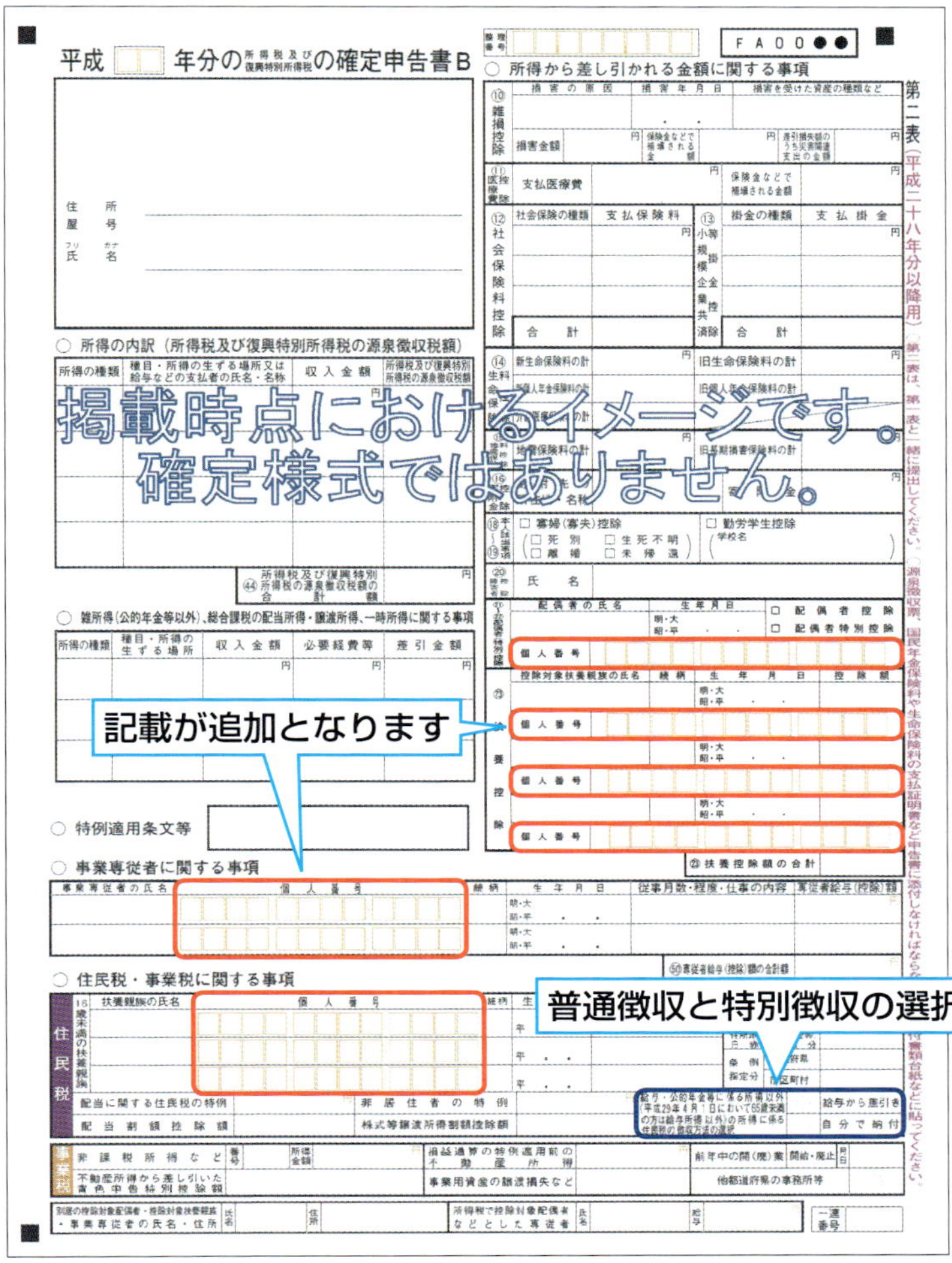

＊国税庁ホームページより

と普通徴収のどちらかを選ぶ小さな欄があります。この欄の「普通徴収」に○をつけることが必要となります。

「特別徴収」は「会社から副業分の住民税も天引きしてくれ」という意味なので住民税の金額が会社に通告されてしまいます。

しかし、「普通徴収」を選択すれば、自分で副業分の住民税を納めることになりますので、会社には本業の給料分の住民税だけが通告され、バレることはないのです。

年金生活者は有利？不利？

年金は、簡単にいうと働けるときにお金を積み立てておき、高齢になって働けなくなったときに、お金を受け取ることができる制度です。

年金制度

日本には、強制的に入ることになっている国民年金と給与生活者などが加入することが多い厚生年金があります。そのほかにも企業などで実施している私的年金があります。

今、問題になっているのは国民年金で、強制加入のはずが、保険料を支払っている人は6割程度しかいません。平成25年1月現在の厚生労働省の発表では、納付率は57・1％です。

年金制度への不安

われわれ個人事業主の老後はわずかな国民年金しかない
しかし未納者が40％もいるんじゃ支給額が減ってしまうんじゃないのか？

これは民間企業でいえば、未収金が売上の40％あり、焦げついていることになります。これでは企業なら必ず倒産してしまうでしょう。

ところで国民年金の保険料を払わないとどうなるのでしょうか。督促状がきたり、差し押さえ予告があり、最終的には財産を差し押さえられます。延滞金も発生します。つまり税金の滞納と同じように、財産を差し押さえて強制的に売却し、保険料を回収しようとします。

ただし、お金がなくて払えない場合は支払いを免除あるいは猶予される制度もあり、払えないからといってすぐに財産を差し押さえられるわけではありません。

しかし、マイナンバー制度はさまざまな法律や制度を厳格に適用する制度ですから、40％の未納者に対して今より厳しく年金保険料の納付を要求するようになることが予想されます。年金保険料は年間で20万円弱ですから、未納者はかなりの負担となります。

年金制度崩壊の原因

年金制度が崩壊しつつある原因はさまざまですが、一番の原因は保険料を納めてもそれに見合った金額が支給されないのではないかと多くの人が考えているからです。高齢化が進めば、若い人ほど損をする仕組みのために、若者ほど払いたがらないのです。

しかも、年金を扱っていた社会保険庁は、年金資金の運用に失敗して巨額の損失を出したり、さまざまな事業に手を出して大赤字になったり、「消えた年金問題」を起こしたりして国民の信頼を得ていません。社会保険庁は解体され日本年金機構となりましたが、実態は何一つ変わっていないという評価もあるのです。

年金生活者への影響

マイナンバー制度によってまず年金の不正受給はほとんどなくなるとみていいでしょう。年金受給者が死亡すると、死亡届が出されますが、亡くなった人の個人番号がわかるので年金受給資格がその段階で消失します。ですから、不正受給はほぼ根絶できると考えられるのです。

ではマイナンバー制度は年金支給額に影響するのでしょうか。結論からいうと、年金支給額が増減することは現制度ではありません。

しかし将来、年金制度の維持が厳しくなると、年金以外の収入や預貯金、保有している財産によって支給額が左右されるかもしれないのです。

年金制度は納付された保険料に見合う額を支給することが原則ですが、貧しい人は保険料を多く納めることが難しい反面、支給額が多くないと生活できないという矛盾があります。生活できなくなると生活保護を受けることになり、生活保護費が増大し、国の財政を危うくするのです。

マイナンバー制度が実施されると、国は、国民の財産を把握しやすくなりますから、金持ちには高負担、低支給、貧しい人には低負担、高支給という政策も考えられるようになります。これを不公平と考える人もいます。

しかし、そもそも年金制度は互助制度でもあるのです。ただ老後に備えるだけなら個人で貯蓄すればいいのです。それを国民全体から年金保険料を徴収して再分配しようとするのは貧富の差を埋めようという意図があるからです。マイナンバー制度の導入はこのような意図をさらに拡大する可能性があります。

「消えた年金問題」は解決されるか？

「消えた年金問題」は、納められた保険料を誰が納めたかわからなくなっているという問題です。ことの発端は、平成９年に基礎年金番号を導入したときでした。

「消えた年金問題」とは？

基礎年金番号を導入した際、社会保険庁のずさんな管理によって５０００万件もの年金記録（保険料を支払ったという記録）が誰のものかわからなくなってしまいました。

つまり、保険料を支払っているのに受け取れない人が続出するということです。たとえば、Aという人がある年金で「56」番の番号が付与され、別の年金で「43」番だったとします。それを新たに「34」番という基礎年金番号で統一しようとしたのですが、社会保険庁のミスで「56」番としか関連づけられなかったとしましょう。するとAさんには「43」番で納めていた保険料は支給されないことになるのです。

原因は、社会保険庁の単純な入力ミスや結婚して姓が変わったために起こったミスなどさまざまです。たとえば、結婚前の坂口啓子さんと結婚後の前田啓子さんを別人と認識してしまい、結婚前の坂口啓子さんの保険料が誰のものかわからなくなってしまったようなケースです。

基礎年金番号の導入時には、紙の書類で処理されていた業務が、パソコンで処理されるようになったことも大きな原因として挙げられています。

「消えた年金問題」の影響

この事件が発覚したのが平成19年です。社会保険庁は、５０００万件の所有者のわからない保険料納付記録を誰のものか確かめる作業、いわゆる名寄せに、膨大な時間と人員増員をしていますが、未だにすべてが解決されたわけではありません。なにより莫大な公的資金が無駄に消費されてしまったのです。

この問題で社会保険庁は解体され、日本年金機構となりましたが、職員が入れ替わったわけではなく、たんに名称が変わっただけという見方もあります。「消えた年金問題」に重大な責任がある職員は日本年金機構へ移れないようにしようという動きもあったのですが、結局うやむやになってしまいました。

平成27年5月18日には、日本年金機構から１２５万件の個人情報がウィルス感染によって流出したと公表されましたが、この事件で「社会保険庁時代とまったく同じ体質だ」と感じた方も多かったのではないでしょうか。

マイナンバー制度導入で解決？

では、マイナンバー制度導入によって未解決の「消えた年金問題」は解決するのでしょうか。結論からいうと解決しません。

先の例でいいますと、「56」番のAさんと「43」番のAさんが同一人物であるかどうかは、過去にあったことなのでマイナンバー制度が導入されても、判断することはできないからです。しかし、マイナンバー制度は未来に関しては有効です。年金関係の番号は、個人番号によって統一されているので、再び「消えた年金問題」のような問題が起こることはないといっていいでしょう。しかし、問題がないわけではありません。どんなに優れた制度であっても運用するのは人間だからです。またウィルス感染のように新たな事態を想定する必要があります。そういった懸念をなくすには、私たちが監視し続けるほかないのです。

フリーターや主婦への影響

親やパートナーの扶養親族になっているフリーターや主婦にマイナンバー制度の導入がどう影響するか、見ていきます。

納税の仕組み

まず、簡単に納税の仕組みについて説明します。たとえば、年収500万円のサラリーマンがいたとします。でも、その500万円すべてに課税されるわけではありません。さまざまな控除を差し引いた額を対象に課税されます。

まず、給与所得控除を引きます。給与所得控除というのはサラリーマンの必要経費に相当するもので年収に応じて決まっています。たとえば年収500万円の場合は154万円です。

□納税の仕組み

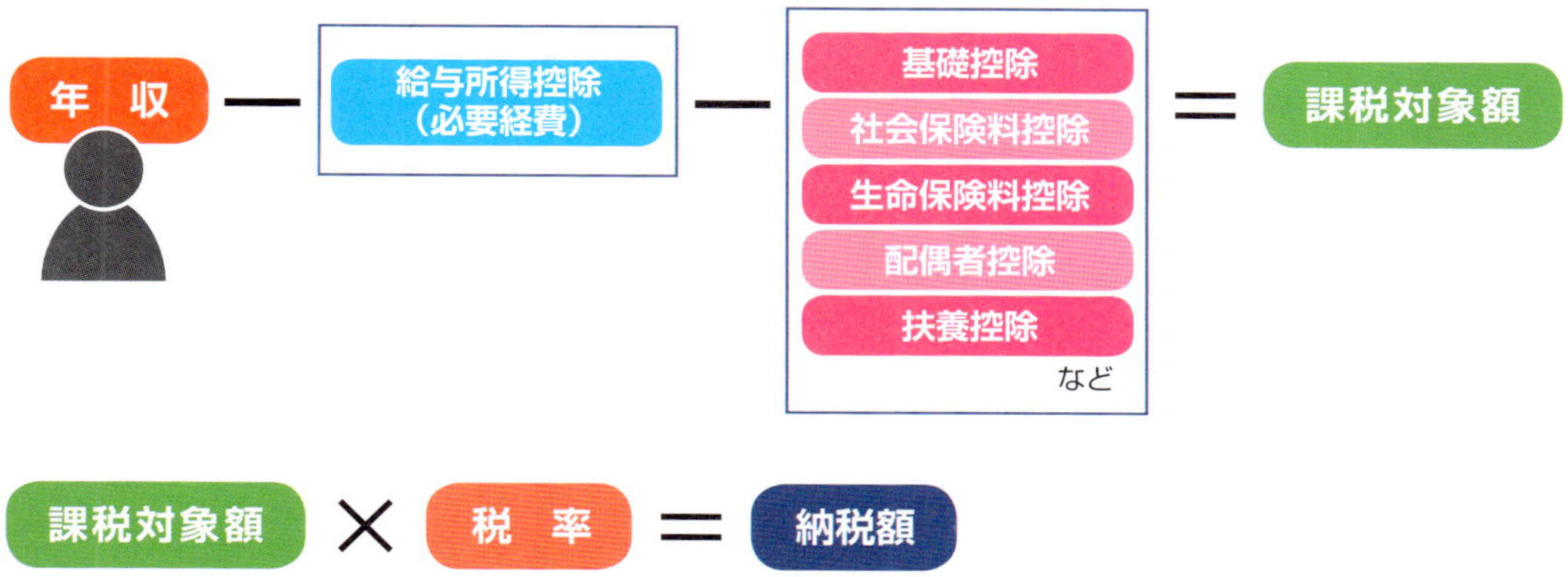

すると残りは３４６万円になります。ここから基礎控除、社会保険料控除、生命保険料控除、配偶者控除、扶養控除などを引いた金額が課税対象になるのです。

基礎控除は誰でも認められているもので、38万円です。社会保険料控除は、社会保険料として支払っている年金、健康保険の保険料全額です。そして養っている人がいる場合は、それが配偶者の場合は配偶者控除、高齢の親や一定年齢の子どもの場合は扶養控除となり、それぞれ原則として38万円ずつの控除が受けられるのです。

つまり年収からさまざまな控除を引いた金額が課税対象となり、それに課税率を掛けた金額が納税額になります。

配偶者控除・扶養控除とは

主に給与生活者の場合、配偶者がいる場合は、原則として38万円の配偶者控除が受けられます。また高齢の親や16歳以上の子どもも条件を満たせば扶養親族として認められ１人につき原則として38万円の扶養控除が受けられます。

つまり、配偶者控除や扶養控除が認められると所得税や住民税などの税金が安くなるのです。所得税は超過累進課税なので、１円違っても税率が上がります。ですから配偶者控除や扶養控除が受けられるかどうかで納税額は大きく変わってくるのです。

夫の控除対象配偶者になっている主婦がパートやアルバイトをした場合、年間の給与収入が１００万円以下の場合は、住民税、年金、健康保険料は払わなくてすみます。さらに納税者である夫の税金も控除が受けられて安くなるのです。

これが１０３万円以上になると配偶者控除が受けられなくなり、夫の税金が高くなります（ただし配偶者特別控除が受けられる場合があります）。これがいわゆる「１０３万円の壁」と呼ばれるものです。

さらに１３０万円を超えると年金保険料、健康保険料を自分で支払わなければならなくなります。これを「１３０万円の壁」と呼んでいます。税金と社会保険料を合わせると20万円ほどになりますので、約150万円以上稼がないとよけいに働く意味がないことになります。これは子どもが働く場合もほぼ同じです。

□マイナンバー施行後の給与所得者の扶養控除等（異動）申告書、給与所得者の保険料控除申告書 兼 給与所得者の配偶者特別控除申告書

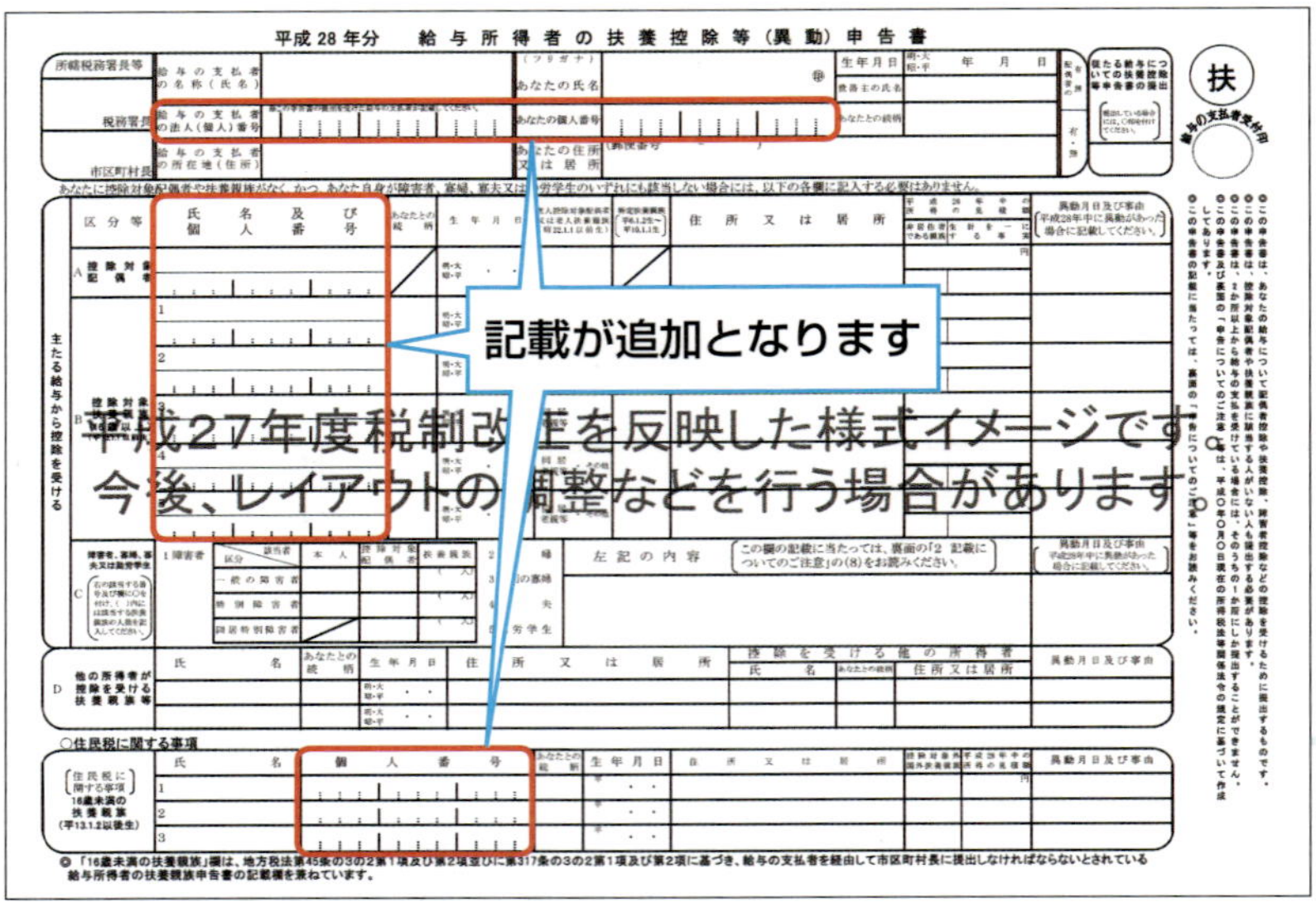

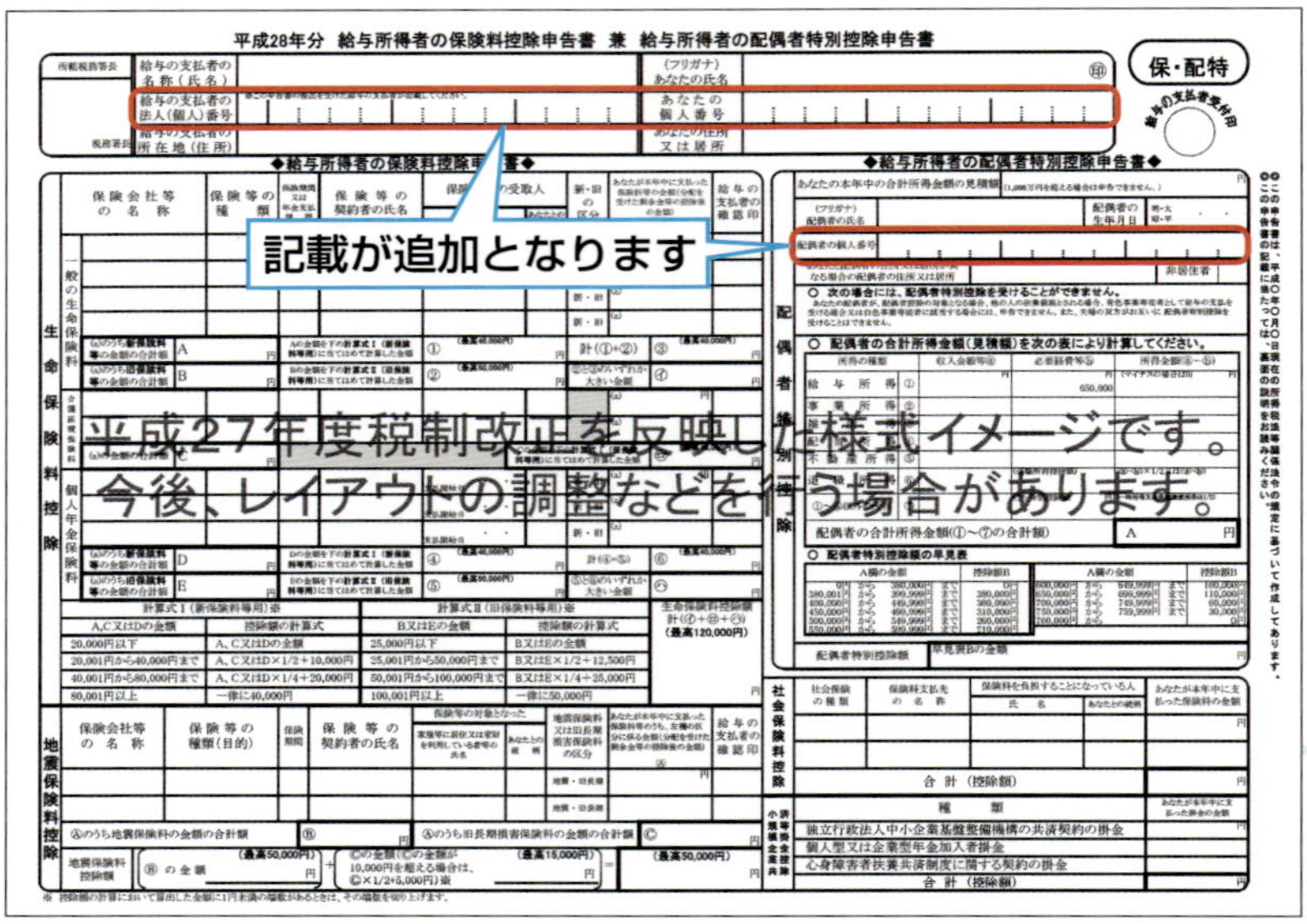

＊国税庁ホームページより

扶養親族とマイナンバー制度

では、マイナンバー制度が導入されると何が変わるのでしょうか。結論からいえば、制度上は何も変わりません。ただ、現在の制度が厳格に適用されるようになるのです。

たとえば、主婦のAさんがパートで年間95万円の収入があったとします。そして友人が発行しているタウン誌に街の情報などを書いて10万円の原稿料を年間でもらったとします。その際に、パート先は源泉徴収票を作成しているのに、タウン誌は支払調書を作成していなかったとします。すると税務署は95万円の収入しか把握できないので、Aさんは夫の控除から外れることも、住民税を課せられることもありません。

しかし、マイナンバー制度が施行されると、タウン誌はAさんに報酬を支払う際、Aさんから個人番号を取得し、支払調書を作成しなければならなくなります。Aさんの収入は95万円＋

10万円＝105万円となり、夫の扶養から外れ、住民税を払わなければならなくなるかもしれないのです。

もちろん、マイナンバー法施行前でもタウン誌はAさんに報酬を支払う際に支払調書を作成しなければならなかったのですが、今までは見逃されていたのです。

□マイナンバー施行後の従たる給与についての扶養控除等（異動）申告書、公的年金等の受給者の扶養親族等申告書

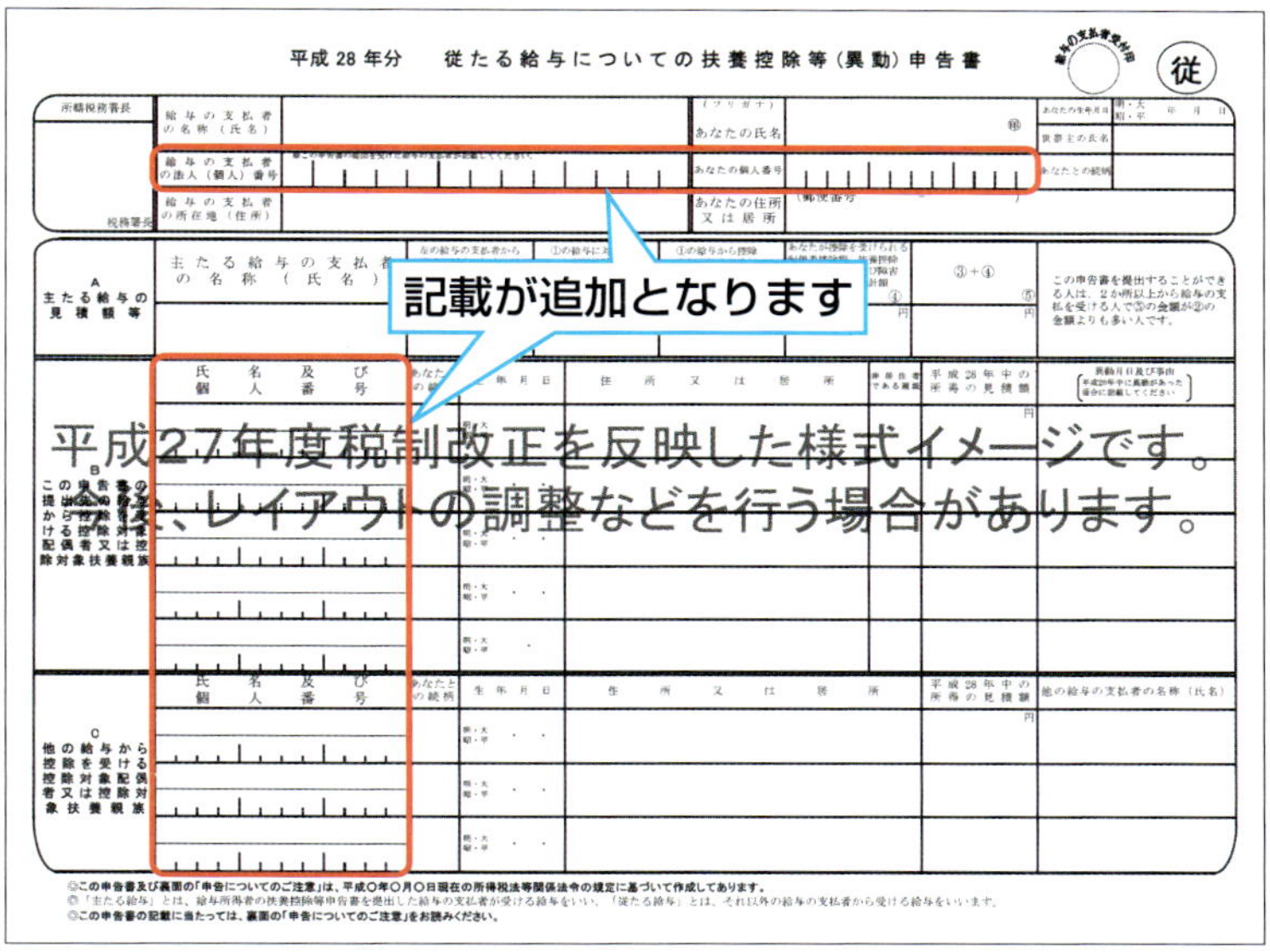

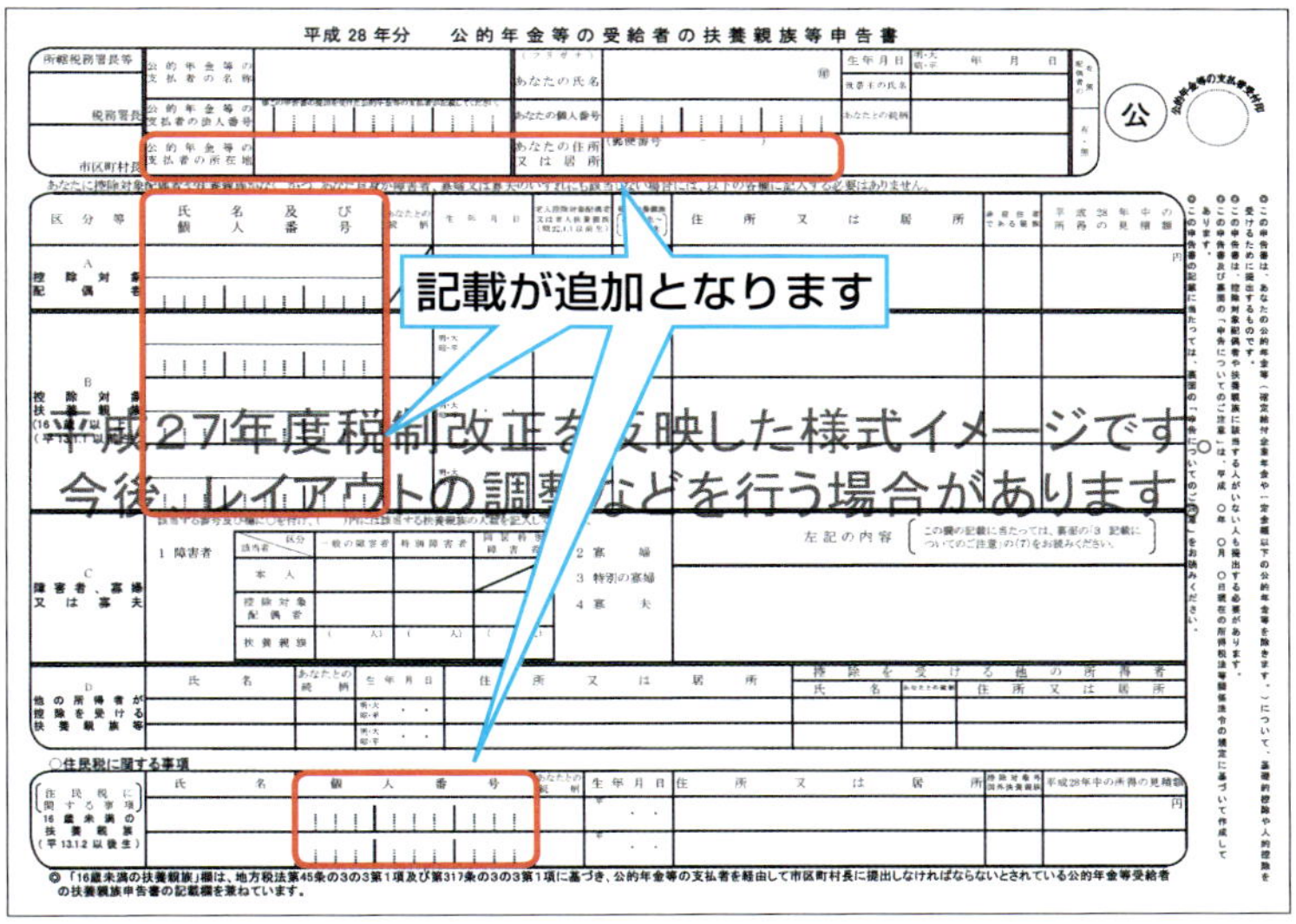

＊国税庁ホームページより

マイナンバー Q&A 【PART 2】

―実務的なこと―

Q01 個人番号を使って従業員の情報管理をすることはできますか?

A01 できません。個人番号は法令で定められた年金などの社会保障、税に関すること、災害対策の3点のみに使われ、それ以外での使用はできません。便利だからといって個人番号に勤続年数や営業成績、特技や趣味などを一緒にファイルしたりすることはできません。

Q02 顧客管理やサービス向上のために顧客に個人番号を提供してもらうことはできますか?

A02 できません。Q1と同様、法令で定められた目的以外には取得することはできません。

Q03 個人番号の管理を業者などに委託することはできますか?

A03 できます。たとえば、会社や個人事業主の方が、自分で管理するのは大変だったり安全面が心配だったりすることもあると思います。そういった場合に業者などに個人番号の管理業務を委託することができます。ただし、委託された側は、マイナンバー法を遵守して管理しなければなりません。

Q04 個人番号の管理業務を委託された業者は、さらに別の業者に再委託することはできますか?

A04 できます。ただし、委託した会社などの許諾をもらわなければなりません。また再委託を受けた業者もマイナンバー法を遵守して管理しなければなりません。

Q05 事業者が従業員に個人番号の提供を求めたときに、拒否された場合はどうしたらいいのでしょうか?

A05 きちんと説明して提供を求めましょう。それでもどうしても拒否された場合は、社会保障で必要な場合は、厚生労働省、税務で必要な場合は、国税庁にその旨を伝えて指示を仰ぐようにしてください。

Q06 従業員の扶養親族の個人番号を取得するときは、事業者が扶養親族の本人確認もしなければならないのでしょうか？

A06 扶養親族の本人確認は、個人番号の提供が誰に義務づけられているかによって違います。たとえば、税の年末調整では、従業員が個人番号の提供を行うことになっていますので、扶養親族の本人確認は従業員が行います。

それに対して、国民年金の第3号被保険者の届出では、従業員の配偶者が個人番号の提供を行うことになっていますので、事業主が配偶者の本人確認をしなければなりません。

この場合、通常は従業員が配偶者の代理人となって個人番号を提供することになりますので事業者は代理人に本人確認を行うことになります。

Q07 従業員の個人番号が変更になった場合、どうすればいいのですか？

A07 事業者が従業員の個人番号を取得したのちに、変更になった場合は、それを書き換える必要があります。ですから変更があった場合にはすぐに申し出るよう周知徹底する必要があります。

また、行政機関に個人番号を提出する前に、変更がないかを確認することも大切です。間違った個人番号を提出すると手続きが混乱してしまいます。

Q08 従業員が子会社などに出向する場合、親会社から出向先に個人番号を提供できますか？

A08 できません。子会社は、その従業員から改めて個人番号を提供してもらう必要があります。

ただし親会社と子会社との間で個人番号管理業務が委託されている場合は、本人確認などを子会社で行えば、提供できます。

Q09 合併の場合は個人番号はどうなるのでしょう？

A09 合併の場合は、従業員の個人番号は合併先に提供することができます。

Q10 マイナンバー制度の導入によって脱税や年金、生活保護費、雇用保険または失業給付などの不正受給をなくすことができるでしょうか

A10 制度上は可能です。マイナンバー制度は、その個人が受け取るお金を把握することができる制度なのでお金に関する不正を防ぐことができます。たとえば、働いて収入があるのに「ない」と偽って雇用保険または失業給付を受給しようとしても、ハローワークでその人に収入があることが把握できるので不正受給を阻止できます。

Q11 民間企業が個人番号を社員番号や顧客番号として使うことは認められるのでしょうか?

A11 認められません。ただし、社員番号や顧客番号と個人番号を紐づけすること、つまり社員番号や顧客番号から個人番号を検索できたり、個人番号から社員番号や顧客番号が検索可能となることは認められています。

Q12 お店で商品を購入したり、メンテナンスを受ける場合も相手が個人事業主だったら、個人番号を提示してもらわなくてはならないのでしょうか? また個人から中古品などを買った場合も売り手の個人番号が必要なのでしょうか?

A12 どちらも個人番号は必要ありません。逆に、聞くと法律違反になる可能性があります。

第3部

マイナンバーを深く知ろう！

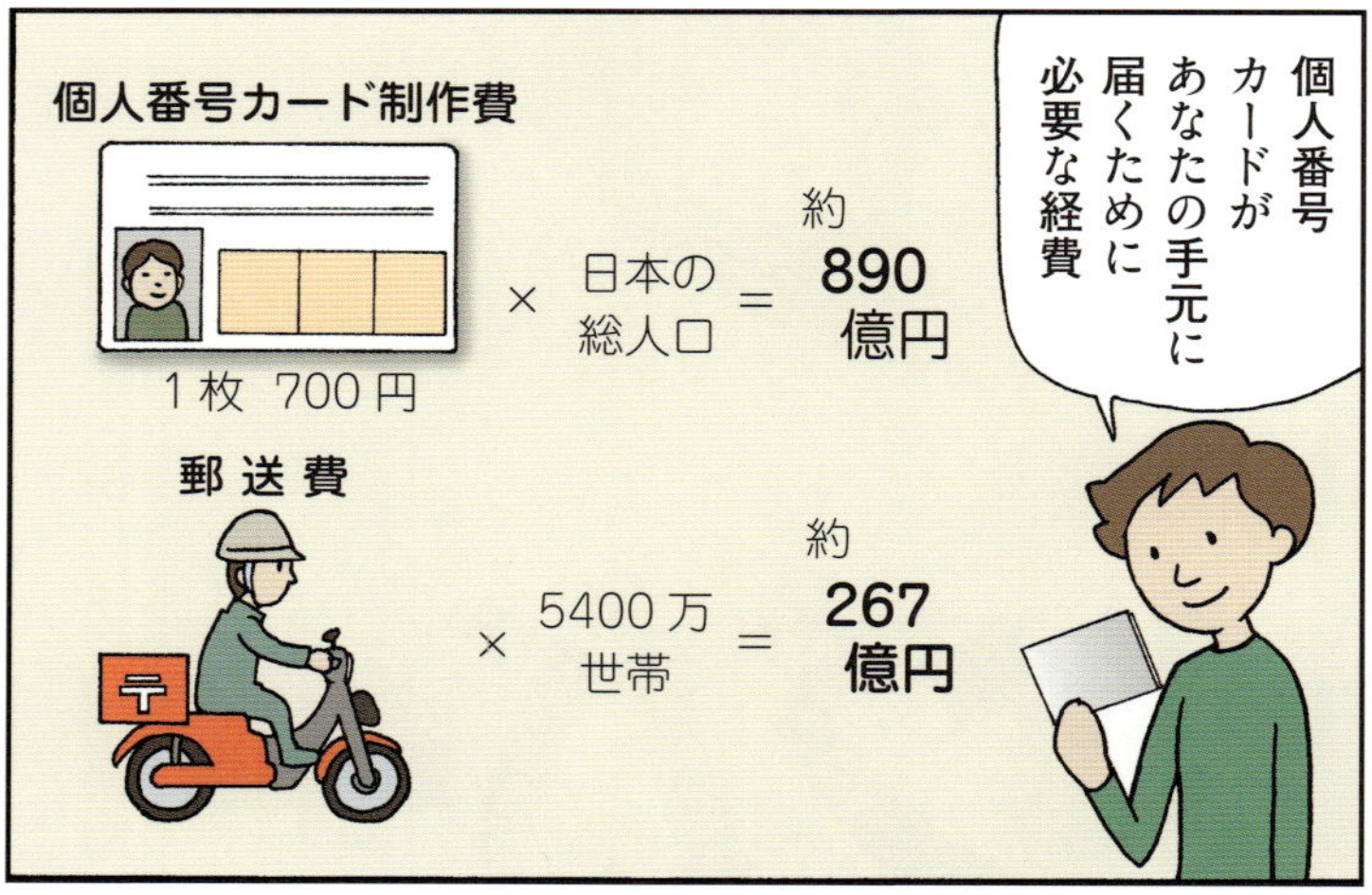

マイナンバー制度の予算はいくらか？

政府はマイナンバー制度のための予算として、平成26年度分は約1000億円を計上しています。さらに平成27年1月には、1183億円の予算案が閣議決定されました。つまり2年間で2000億円以上の予算が使われることになるわけです。

2年で2000億円超

次頁の表は予算の内訳を省庁別に表したものです。一番予算が多いのは総務省で、次が厚生労働省です。3番目に多いのが内閣官房で、財務省、内閣府が続きます。

予算で一番多くの比重を占めるのが、既存のシステムでマイナンバー制度が使えるようにコンピューターシステムを改修する費用です。平成27年度分だけで680億円程度が計上されています。

また政府は、住基カードが全人口の5％ほどしか普及しなかった原因の1つに有料であったことを上げています。その反省を踏まえて個人番号カードは無償にする方針ですが、その費用は1枚700円程度かかると考えられています。初年度は1000万枚を想定しているようですが、対象者全員に行き渡るには、890億円が必要となるのです。

ちなみに簡易書留で通知カードなどを郵送しますが、その費用として5400万世帯分267億円が計上されています。

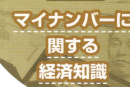

□マイナンバー制度の予算

省庁	適用	平成26年度	平成27年度
総務省	制度の導入、個人番号カードの利用促進	348.8 億円	639.9 億円
厚生労働省	制度導入のための取り組み	403 億円	441 億円
内閣官房	情報提供ネットワークシステムとマイナポータルの開発	133.7 億円	62.5 億円
財務省	制度導入に向けた準備	13.5 億円	35.4 億円
内閣府	制度の啓発・広報	2 億円	4.7 億円

地方自治体へ流れるお金

マイナンバー制度を主に実施するのは、各市区町村になります。巨額な予算が必要なマイナンバー制度を自治体だけで運営できるはずもなく、国から補助金が支給されることになります。それがマイナンバー予算の大半です。つまり2000億円超の予算の大半が地方自治体に流れることになるのです。

また、マイナンバー制度の導入に際して、臨時職員を雇用する必要があると考えて、その費用も負担します。

さらにマイナンバー制度が定着しても、これを維持していくためには、年間300億円程度の費用が必要と考えられています。

費用対効果はどうなるのか

マイナンバー制度に賛成の立場をとっているサンケイ新聞では、巨額の費用がかかったとしても、この制度がうまく運用されれば、年間1000億円超の行政経費が削減できると試算しています。

逆に、余剰人員が出たとしても、公務員をリストラすることは難しいので、経費削減には、効果がないという意見もあります。さらに、役所などは一度手にした利権やお金は手放さない傾向にあるので、マイナンバー制度導入や維持にかかる費用を既得権として抱え込み、役所の経費が膨らむ事態も考えられます。

もちろん、行政のスリム化だけがマイナンバー導入のメリットではありません。しかし、政府が行政のスリム化を謳っている以上、いくら節約できたかという報告を、政府は国民に示す必要があるのです。

今のところ、「費用対効果」がどれだけあるかという質問に対しては「やってみなければわからない」と答えるしかないでしょう。しかし、よりよい方向へ導くためには、国民1人1人がマイナンバー制度を監視し、本当に行政がスリム化しているかをチェックし続ける以外にありません。

国家財源はどうなるか？

政府が表立って言っているわけではありませんが、マイナンバー制度導入の目的には、税収や社会保険料などの収入を増やすこともあると、多くの専門家が指摘しています。では、マイナンバー制度が始まるとなぜ税収や社会保険料の収入が増えるのでしょうか。

税収は増えるか

まず、税収面から見ていきましょう。マイナンバー制度が導入されると脱税防止に役立ちます。この制度ではお金の流れが誰から誰へ移ったかが明白になりやすくなるので、従来のような不透明な部分が少なくなるのです。

たとえば、Aという人物がBとCからお金を受け取っていたとします。しかし、今までは税務署はBからお金を受け取ったAと、Cからお金を受け取ったAが同一人物であるかがわからない場合がありました。それでは正確な課税はできません。個人番号によってこのようなミスが少なくなるのです。

また、ギリギリまで節税対策をしていた人たちも税務に関することが厳密に適応されるようになると、調査に入られることを恐れて、節税の手が緩み、税金をキチンと納める可能性が出てきます。

このようにマイナンバー制度は税収をアップさせる作用がありますが、あまり厳しく取り立てると、法人なら会社を海外に移転させたりすることも考えられます。また富裕層の人々も海外移住してしまう可能性もあるのです。

そうなると、零細企業や個人事業主、農業や漁業、林業の従事者など経済的に苦しく、海外に逃げることもできない弱い立場の人たちを苦しめるだけで、税収は逆に減少してしまうことも大いに考えられるのです。ですからマイナンバー制度の適切な運用が、税収をアップさせられるかどうかのカギになるでしょう。

社会保険料の収入は増えるか

それでは、社会保険料などの収入は増えるのでしょうか。国民年金の保険料は、税金と同じで、原則は自主納付ですが、滞納した場合に強制的に徴収されることがあります。納めるべき人の4割が未納という現実がありますが、そういった未

税金は正しく課税正しく納税
高ッ
税理士
国民年金強制加入
所得があることがわかっちゃった納めなきゃ
アルバイト
失業保険生活保護年金の不正受給はできなくなる
えっ
社会保険零細企業も強制加入
えーっ

納者の発見が容易になる可能性が高まります。

法的には、未納の場合、その人の財産の一部を差し押さえて売却し、年金保険料を強制的に徴収できるのです。マイナンバー制度では所得が把握しやすくなるので「お金がないので年金保険料が納められない」という言い訳はできにくくなります。ですから年金保険料の収入は増えると考えられます。

崩壊が危惧されている年金制度ですが、仮に100%未納が解消されれば、立て直しができるはずです。

社会保障に対するマイナンバーの効果

さらにマイナンバー制度が導入されると、収入があるのに偽って生活保護を申請し、不正受給することができにくくなります。

また雇用保険も同じで、実際は働いて収入があるのに失業給付を受け取る不正受給者を根絶することもできるようになるでしょう。もちろん、年金の不正受給もなくなります。

法人や5人以上の従業員を雇用している個人事業主は、健康保険、厚生年金、雇用保険、労災保険に入る義務が原則としてあります。しかし、現実には零細企業や経済基盤の弱い個人事業主などの中にはこれらに加入していないところもあるのです。マイナンバー制度はこういった社会保険から逃れている法人や個人事業主にも対応できやすくなるために、社会保険の収入を上げることにもなるのです。

経済効果は3兆円!?

「わたしたち生活者のための『共通番号』推進協議会」（代表：北川正恭早稲田大学大学院教授、事務局：公益財団法人日本生産性本部）は、平成24年6月に、個人番号を導入した場合のコスト削減効果を「行政分野」「準公的分野」「民間分野」の3つに分けて試算しています。

行政分野でのコスト削減効果

まず行政分野では、1年間のトータルで約3000億円のコスト削減効果を見込んでいます。

行政分野で利用されるのは、「税分野における市町村や都道府県と外部との情報連携」「税分野以外における市町村や都道府県での照会、調査」「上下水道などの使用料金明細の送付（マイナポータル利用）」「生活保護の不正受給防止」などが業務として想定されるとしています。

TOKYO 2020
Olympic
経済波及効果はオリンピックに匹敵するよ

そして生活者側のメリットとして「一部の手続きが簡素化され、添付書類の取得の手間などが軽減される」「お知らせ型行政サービスの実現」「公平な社会保障給付・負担の実現に近づく」を挙げています。

準公的分野でのコスト削減効果

準公的分野では1年間で約6000億円のコスト削減効果を見込んでいます。

準公的分野で利用されるのは、「電気、ガス、医療機関などとの手続き」「それら機関の内部事務」などで「電気やガスの使用料金明細の送付（マイナポータル利用）」「医療機関や医療保険者の保険証確認」などが業務として想定されるとしています。

そして生活者側のメリットとして「医療の受診と同時に、本人が手続きをしなくても関係する社会保険給付が受けられ

□マイナンバー制度導入によるコスト削減効果の見込み

「行政分野」（社会保障・税・その他の行政手続き等）	1年で 約3,000億円
「準公的分野」（電気・ガス・医療機関との手続き等）	1年で 約6,000億円
「民間分野」（官民をわたる手続き・企業の内部事務等）	1年で 約2,500億円

→ **経済波及効果 2兆7858億円**

［2020年東京オリンピックの経済波及効果は、約2兆9600億円］

（公益財団法人 日本生産性本部の試算による）

る」「別々の医療機関で同じ検査を受けなくてよい」などを挙げていますが、これはマイナンバー制度導入時ではなく将来的に予想されるメリットだそうです。

民間分野でのコスト削減効果

民間分野では1年間で約2500億円のコスト削減効果を見込んでいます。

民間分野で利用されるのは、「引越ワンストップサービス（一部行政分野含む）」「退職ワンストップサービス（一部行政分野含む）」「製品リコールの際の案内（マイナポータル利用）」などが業務として想定されるとしています。

そして生活者側のメリットとしては、あくまで将来的にはということですが、「引越、退職、出産、育児、介護、相続などのライフイベントに関する手続きが簡略化される」「購入時に財団法人等公的機関に登録しておけば、製品リコールの際に連絡を受けられる」などを挙げています。

2兆7858億円の経済波及効果

さらに同協議会では平成25年6月に、上記の削減効果を踏まえて、2兆7858億円の経済波及効果があると試算しています。

この試算では、各産業への第1次波及効果が累計1兆9354億円、第2次波及効果が6446億円になるとしています。第1次効果と第2次効果を合わせた金額に経済成長率を加味すると2兆7858億円の経済効果になるとい

医療
都道府県
他市区町村
市区町村の窓口
年金
行政間や民間との情報の連携によって多大なコスト削減が見込めるわ

うのです。

　これは、２０２０年開催予定の東京オリンピック・パラリンピックの経済効果が約２兆９６００億円といわれていますから、それに匹敵する経済効果があることになるのです。

　もちろん、まだ試算の段階にすぎませんが、民間企業などの利用拡大が実現すれば、さらに経済効果が大きくなる可能性もあるのです。

□個人番号の利用範囲拡大（検討中）

	分野	メリット
①	戸籍事務	戸籍を添付しなければいけない手続きにおいて添付が省略可能
②	旅券事務	戸籍の添付が不要
③	預貯金付番	資産や所得の把握による、公正・適正な課税
④	医療・介護・健康情報の管理・連携	個人番号とカルテを連動させることにより、二重検査や二重投薬の防止、転院時などのカルテのスムーズな引継ぎが可能
⑤	自動車検査登録事務	ワンストップサービスによる手続きの簡略化

景気はどうなる？

マイナンバー制度が導入される平成28年は、どんな年になるのでしょうか。経済面で考えてみましょう。まず結論からいうと「好景気になる」と予想されています。

平成28年は好景気？

好景気の理由はいくつか挙げることができます。まず、マイナンバー制度に関する予算として1100億円が投じられるからです。このお金によってIT関係の企業は潤います。特にITシステムを構築する企業やITセキュリティ関連の企業は儲かります。

次に個人番号カードを作るので、IC

チップを搭載したプラスチックカードを製造する企業も恩恵を受けます。直接お金が流れてくる企業だけでなく、間接的に儲かる会社も出てくるでしょう。

また、この国家予算の多くが地方自治体に一時的に流れていきます。そのために地方自治体に納品していたり、サービスを提供していたりする業者も利益を上げることができるでしょう。

さらに企業だけでなく、ＩＴ資格を持っている人、法律関係の資格を持っている人たちも仕事が増えて景気がよくなるでしょう。

マイナンバー制度はビジネスチャンス

マイナンバー制度でひと儲けできる人も登場します。たとえば、個人番号カードは表には住所や氏名、性別や生年月日、そして顔写真が記載されます。そして裏面には個人番号が記載されますから、裏面だけを覆うようなオシャレな専用カバーが爆発的に売れるかもしれません。

表面の写真も商売につながります。自分の顔をスマホで撮ってメールで送れば申請できるシステムもありますので、自分できれいに撮るためのハウツー本がベストセラーになるかもしれません。

また、個人番号カードの顔写真専門のカメラマンが登場するかもしれません。近年では、就活をする学生たちの多くが、履歴書に貼る写真をプロのカメラマンに依頼しています。それと同じように10年間使うカードなのですから、できるだけいい印象の顔写真をと考える人がいても不思議ではありません。

つまりマイナンバー導入は大きなビジネスチャンスになるのです。その経済波及効果は3兆円近いといわれています。

「政府から１１００億円が流れ、関連企業が潤う」「マイナンバーで仕事が増える人がいる」「マイナンバーがビジネスチャンスとなってヒット商品を生むなど3兆円近い経済波及効果がある」これらによって２０１６年は好景気になると予想されます。

投資も盛んになる

経済が活発になると当然、投資も盛んになることが予想されます。マイナンバー特需で潤う企業が現れ、新しくマイナンバーに特化した企業が生まれたりすると、投資家は大きく利益を出すチャンスに恵まれるので、投資に力を入れます。そして日本の株式市場が活性化すれば、外国人の投資家も積極的に参加するようになり、好景気に拍車をかけるようになるでしょう。

マイナンバー制度で困る人？

ではマイナンバー制度導入によって不景気になる要因はあるのでしょうか。じつは初年度に関していえば、ほとんどありません。

マイナンバー制度が景気を減速させるとしたら、2年目以降なのです。そのときに、この制度の真価が問われ、景気が悪化する可能性が出てくるのです。

個人所得・資産が国に把握される？

マイナンバー制度導入で国民が抱く大きな不安の1つが、所得や預貯金などの個人資産が国家によってすべて把握されるのではないかということです。

所得は把握されやすくなる!?

初年度においては所得、つまり収入は把握されやすくなりますが、預貯金は把握されません。現在のマイナンバー法では、預貯金を個人番号によって把握することは法律違反になります。ただし支払調査の出るものについては保険や証券に関しては把握されます。

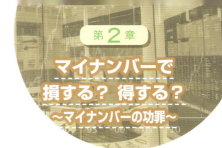

所得の把握は、従来から国によってなされていました。ただ、ある人物にAとBの2カ所から収入があった場合、それを統合できないことがあったのです。つまり「ある人物はAから収入を得ている」という情報と「ある人物はBから収入を得ている」という情報を、「ある人物はAとBから収入を得ている」という情報に統合することは、ある人物からちゃんと申告されない限り、調べることは手間だったのです。

「そんな簡単なことがなぜできないのか」と不思議に思われる方も多いと思われますが、事実できなかったのです。これは「消えた年金問題」のときも同様でした。おそらく民間企業では絶対に起こり得ないようなことでしょうが、役所では起こるのです。

全資産の把握はまだ先の話

銀行や郵便局などの個人の預貯金の把握は、法改正しないとできません。しかし、3年後の平成30年（2018年）にはマイナンバー法の見直しで預貯金が把握できるように法改正される可能性は十分にあります。

もし、そうなると国家に財産を把握されないためには、タンス預金のように家で現金を保管するか、金や宝石など何か価値のある品物を買って秘蔵するしかなくなります。そんな危険で不便な財産管理をする人はいたとしても少数なので、近い将来、個人の全財産を国家が把握する時代が来る可能性は高いと思います。

国家が個人資産を把握すると……

では、なぜ人々は自分の財産が国家に把握されるのを嫌うのでしょうか。もちろん、プライベートなことを他者に知られたくないという心理的な側面もあるでしょう。しかし多くの人が危惧しているのはもっと具体的かつ物理的な危険性です。

たしかに全財産が把握されてしまえば、極端な場合、国家による個人資産への介入があるのではと疑心暗鬼になる気持ちもわかります。

諸外国の例を見てみますと、韓国では、かつて日本軍に協力した人は、財産を没収されるという法律があります。また経済危機のため1990年にはブラジルで、2001年にはメキシコで、2002年にはウルグアイで預金封鎖が行われています。

さらに2013年にはキプロスで、預金に課税するために預金封鎖がなされています。こういった例を見ると「国家が個人資産を把握する」＝「財産没収」という図式を思い浮かべるのも無理のないことなのかもしれません。

天下りは増えるか？

マイナンバー制度に反対する人の中には、この制度が、新たに天下り先の企業を作り、企業と官僚の癒着をさらに促進させたり、新たな天下り先となる組織を作って税金などの公的資金を浪費するという理由を挙げる人もいます。

では、天下りの実態はどうなっているのでしょうか。

天下りとは

天下りとは、主に高級官僚が退職する際に、自分が所属していた省庁と関連が深い民間企業や公益法人などに再就職することをいいます。

ここで問題になるのは、天下りを受け入れている企業と官公庁との癒着です。入札の際に有利にしたり、補助金を引き出したりなどさまざまにその企業に有利になるようにするのです。そうなると企業間での公平な競争が行われなくなります。

また高級官僚が特殊法人に天下った場合は、高額な給与や退職金を受け取っているという問題もあります。公益法人などには国から多額の補助金が出ます。それは、税金などの公的資金なのです。

そもそも公益法人は、本来は国がやるべき仕事を国になりかわってする組織です。しかし、国からの補助金を天下り官僚が自分の収入にし、ほとんど利用者がいない施設を作ったり、誰も知らないキャラクターに莫大なお金を浪費する組織だと指摘されることもあるのです。

　こういった「天下り問題」が発生する背景には、官公庁の早期勧奨退職慣行があります。官公庁は事務次官や長官を頂点とした完全なピラミッド型の組織です。そのために同期入省で出世を争うのですが、次のポストに進めなかった敗者は退職するという慣例があるのです。

　これは、出世した人が同期や先輩を部下として扱うのはやりにくいし、逆に、敗者は同期や後輩を上司として仕えたくないという意識があります。いずれにしても上意下達のピラミッド型組織では、このような慣例は都合がいいのです。

天下りの実態

　では天下りの実態はどうなっているのでしょうか。平成23年の総務省の発表によれば、国家公務員出身の常勤理事がいるのは504の公益法人で、国は年間で、3347億円を支出しています。

　また、「渡り」も問題になっています。これは高級官僚が再就職→退職を繰り返して高額な退職金を手にするというものです。一例を挙げてみると、元水産庁長官の農水省OBが退職後6つの団体を「渡り」歩いて、合計で約2億6900万円以上の退職金や報酬を得ていたという事実が報じられています。1つの団体に在籍していた年数は3年から4年でした。

　もともと「職業選択の自由」は憲法にも保障されていて、天下りがすべて悪というわけではないのでしょうが、多くの弊害があることも事実です。

マイナンバー制度と天下り

　マイナンバー制度が導入されると多くの問題点が噴出することが予想されます。それを解決するために多くの公益法人ができるでしょう。その公益法人が問題を解決してくれればいいのですが、税金を浪費するだけで問題は解決されず、なおかつその公益法人が天下りの温床となることも考えられるのです。

　また、マイナンバー制度は、多くの企業に大きな利益をもたらしますが、そのために利益のあった企業に新たな天下り先ができ、マイナンバー事業を独占していくことも考えられるのです。

　政府はこのような「天下り問題」を解消しようとさまざまな政策を行っていますが、実際は改善されていないようです。考えてみれば当たり前の話で、「天下り禁止」などの政策や法案を作るのは、「天下り」の当事者である高級官僚なのです。自分に不利益になるような政策や法案をわざわざ彼らが作るはずがありません。一見、天下りが防げるように思えてもそこには必ず抜け道があり、効果が上がらないのが現状です。

個人事業主・零細企業はどうなるか？

新たに法律が成立し施行されると、必ず、その影響を受ける人々がでてきます。マイナンバー法の施行によっても当然、得する人や損する人が出てくるわけです。利益を得られる人はいいのですが、逆に不利益をこうむる人にとっては大問題です。過去にも法改正などによって廃業に追い込まれたケースが数多くあります。

新たな法律による影響

1つの事例があります。消防法の改正が平成23年2月にありました。この法改正によって、給油所などで地下に設けられた「ガソリンタンク」について、設置から40年以上経過したものは、2年以内に改修・交換するよう義務づけられました。さらに、安全対策として、油漏れを感知する装置の取りつけやタンク内部を強化プラスチックでコーティングして補強する改善策が求められるようになりました。

しかし、そのためには、1カ所で500万円以上の費用が必要となるために、経済基盤の弱い業者の廃業が後を絶たない状況になっています。全国石油商業組合連合会の試算によると、全国で最大2000店が廃業に追い込まれるとの見方を示しています。

このほかにも、改正耐震促進法によって、昭和56年以前に建てられた旅館、ホテルなどの大型施設は、平成27年までに耐震診断実施を義務づけ、その結果を公表することになっています。

耐震診断の結果、耐震改修が必要とされたのに改修しない場合、客が激減することが予想されますが、耐震改修をするためには膨大な費用が必要となります。そのために廃業に追い込まれる老舗旅館やホテルが続出することが予想されています。

平成15年に東京と首都圏で実施されたディーゼル車規制の条例では、運送業者などの多くの事業者が規制に適合するための資金を捻出できずに廃業に追い込まれています。

このように新しい法律ができたり、改正されたりすれば、必ず困る人が出てくるのです。

マイナンバー法で廃業?

では、今回のマイナンバー法によって不利益をこうむるのはどういう人たちなのでしょうか。それは社会的、経済的な基盤が脆弱な零細企業や個人事業主です。

現在の法律では、原則として従業員5人以上を雇用している個人事業者には、「健康保険」と「厚生年金」に加入する義務が生じます。法人の場合は5人未満であっても加入義務があります。

さらに、雇用保険や労災保険は1人でも人を雇っていれば、原則として加入しなければなりません。

これはパートやアルバイトであっても一定の条件を満たせば、従業員と同じ扱いになるのです。しかし、今までは、うまく処理して社会保険料を支払わないでいることが可能でした。もちろんこれは法律違反ですが、極端な例として、たとえば、実際にはAという人1人だけに給与を支払っているのにA、B2人に支払っているように書類を作成する。役所では書類しか見ませんから、こういったこともできたのです。

しかしマイナンバー法が適用されるとこういったごまかしができにくくなり、新たに社会保険料を負担しなければならなくなる可能性が高まります。これは経営の苦しい事業所にとっては廃業に追い込まれかねない金額です。

また個人番号を管理するためのセキュリティ費用も馬鹿になりません。セキュリティが不完全だと、同じ給料や時給を払っても「あそこだと個人番号が漏えいするんじゃない?」と思われ、安全性が高い企業などに人材が移ってしまう可能性も考えられます。人材不足に拍車をかけることになり、廃業へ追い込まれることも考えられるのです。

□一般飲食業、月給30万円（30歳）の場合の社会保険料

（平成26年12月現在）

健康保険料 29,910円 ＋ 厚生年金保険料 52,422円 ＝ 82,332円

社員負担：41,166円
会社負担：41,166円

雇用保険料
社員負担：300,000円×0.50%＝1,500円
会社負担：300,000円×0.85%＝2,550円

労災保険料（飲食業の場合）
会社負担：300,000円×0.35%＝1,050円

↓

会社負担

41,166＋2,550＋1,050＝44,766円（14.922%）

つまり
30万円の月給で1人を雇うと、社会保険料が
約4万5000円必要になる!!

持っているとお得な資格

マイナンバー制度導入でＩＴ技術者が10万人不足！
チャーンス　ＩＴの資格をとって就職につなげよう
こんなに勉強しなきゃいけないのか
どれも難関だー
ＩＴストラテジスト　司法書士や税理士並の難易度
プロジェクトマネージャー　700時間以上の勉強が必要
ネットワークスペシャリスト　500時間以上の勉強が必要

マイナンバー制度が導入されるとシステムの開発や改変、セキュリティの強化などにＩＴ技術者が必要となります。現在ＩＴ技術者は80万人いるといわれていますが、マイナンバー制度導入によって８万人から10万人も不足するといわれています。

得するＩＴ資格

マイナンバー制度導入のこの機会にＩＴ資格を取得しておけば、就職や転職などに非常に有利になると考えられます。また多くの企業でＩＴ資格取得者に対して優遇する制度をとっています。資格手当を出したり、合格報奨金を出す会社も多く存在します。なかには１００万円の合格報奨金を出す会社もあるのです。

資格は役職などとは違い、退職して失うこともなければ、降格することもありません。一度取得しておけば、一生使えるのです。

資格と難易度

では、どんなＩＴ資格があるのでしょうか。持っていると有利になるのはやはり国家資格です。

「ＩＴストラテジスト」は、スキルレベルの高度な国家資格です。ストラテジストというのは戦略家という意味で、この資格を持つ人は、最高情報責任者（CIO）などの企業の幹部候補やITコンサルタントといった立場の人になることを想定しています。その難易度は司法書士や税理士、弁理士などに匹敵します。ですからいきなり、この資格に挑戦するのは、かなり無理があると思われます。

プロジェクトマネージャはIT上のシステム構築などのプロジェクトにおいて、計画から実行まで、総合的な責任を持つ職務につく人に必要となります。1つのプロジェクトのリーダーとして技術面だけでなく、人間関係を円滑にする職務も担っています。

合格するためには700時間以上の勉強が必要な難関資格です。

ネットワークスペシャリストは、システムエンジニアの中でも主にネットワークの設計担当者や管理責任者、いわゆるネットワークエンジニアを対象にしています。平均で500時間以上の勉強が必要だとされています。

情報セキュリティスペシャリストは、情報保護に特化した有効な資格なので、個人番号の保護が重要になるマイナンバー導入後には、とても大切な資格になります。情報保護はそれを盗もうとする人とのイタチごっことなりますので常に新しいシステム構築が必要となり、将来も仕事が絶えることはないでしょう。

ITパスポートは、初級の資格に位置づけられています。「情報技術に携わる業務に就くか、担当業務に対して情報技術を活用していこうとする者」のための資格で半年程度の勉強で合格できることも多い資格です。上位資格を目指すためのステップとして有効です。10万人もIT技術者が不足する事態が予測されているので、ITパスポートのような下位の資格であっても、重宝される可能性は大いにあるのです。取得しておいて決して損にはなりません。

□おすすめの IT 資格

国家資格一覧
IT パスポート
基本情報技術者
応用情報技術者
ネットワークスペシャリスト
情報セキュリティスペシャリスト
データベーススペシャリスト
プロジェクトマネージャ
システムアーキテクト
IT ストラテジスト
エンベデッドシステムスペシャリスト
IT サービスマネージャ
システム監査技術者

IT以外の資格

ITの資格以外にもお得な資格は多くあります。司法書士や行政書士は、新たな法律ができるわけですから、確実に仕事が増えます。さらにマイナンバー制度は税務と社会保障に関わる制度ですから当然、税理士や社会保険労務士の需要は高まります。

ただし、これらの資格保有者は、マイナンバー制度が定着したあとには仕事が減る可能性があるかもしれません。

なりすましと偽造による被害

マイナンバー制度によって、まず、最初に危惧される犯罪が「なりすまし」です。他人のＩＤやパスワードを盗んで、本人しか見ることができない情報を盗み出したり、その人のＩＤやパスワードで買い物をして費用を支払わせたりします。場合によってはクレジットカードが勝手に使われたり、銀行口座から預金が引き出されたりすることもあります。

◉なりすまし犯罪の増加

現行制度で、個人番号カードに記載される情報は「住所」「氏名」「性別」「生年月日」だけですから、単純に考えれば、個人番号が流出しても金銭的な被害が発生するとは考えられません。

所得や社会保険に関係する情報も一元管理しない方針なので、個人番号がわかっても所得を知られたり、証券や保険の情報、社会保険の情報などが知られたりする可能性は低いと考えられます。

しかし、将来、こういった情報が一元管理されるようになると、個人番号が流出すれば、所得や社会保険、証券や保険の情報が一気に他人に知られてしまう可能性が出てきます。

現実に、マイナンバー制度が民間活用など、さまざまな分野で利用することができるアメリカでは、なりすまし犯罪が急増しています。

連邦取引委員会によると、なりすまし被害者は２００６～２００８年の３年間でじつに１１７０万人、30人に1人が被害にあっていることになります。その被害額は年間で5兆円に達しているというのです。

このような被害が発生する理由は、アメリカでは「銀行口座」「クレジットカード」「年金などの社会保障」がすべてマイナンバーと関連づけられているために、ひとたび情報が流出するとすべての情報が知られてしまうのです。このために、他人によって銀行預金が引き出されたり、クレジットカードが使われてしまったり、年金が他人に支給されてしまうという事態になっているのです。

日本でも、個人番号を慎重に扱わないとアメリカのような「なりすまし犯罪天国」になってしまう可能性があるのです。

◉個人情報の売買

個人情報の売買も危惧される犯罪の1つです。犯罪組織は、詐欺などのターゲットを決める際には、できるだけ詳しい情報が必要となります。そのために機会があれば、個人情報をなんとか入手しようとしているのです。

その個人情報を入手して犯罪組織に売るハッカーもいます。ウィルスに感染させて情報を盗めばいいだけで、成功すれば、高額の報酬が受け取れます。また犯人を特定することも難しいので捕まるリスクも大きくありません。

今だに実態は解明されていませんが、かなりの数の偽造免許証などが出回っています。

スキャナーとパソコン、それに市販のラミネートなどで作れるのです。値段は精度によって異なりますが、5000円から5万円で売買されています。これが不法滞在の外国人や消費者金融での借り入れなどに使われているのです。

個人番号カードが流通するようになると、偽造が加速される懸念が生じます。なにしろ1枚でいろいろな使い方ができるわけですから、偽造団にとってはより収益性の高い商品になるわけです。

さらに偽造ではなく本物の個人番号カードを入手する方法もあります。ホームレスに住所を与えて、個人番号カードを正規ルートで作らせ、それを買い取れば、本物の個人番号カードを得ることができるのです。そうすれば、複数のカードを持って悪用することもできるようになります。

このような犯罪が起こることを想定して対策を練らないとマイナンバー制度が犯罪を助長することにもなりかねないのです。

犯罪は増加するか？

「マイナンバー制度の導入によってあなたの年金記録を調べたところ、100万円の未納金があることが判明しました。○○日までに、未納分を納めていただけないと年金が今後支給されなくなります」

こんな電話が日本年金機構の職員と称する人物からあったとしたら、どうでしょう。マイナンバー制度のことをテレビでちょっと知っている程度の高齢者であったら、信用して指定の銀行口座に100万円、振り込んでしまうのではないでしょうか。

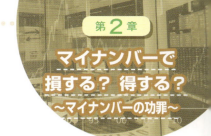

◉高齢者を狙うマイナンバー詐欺

「あなたの個人番号が流出してしまいました。あなたの銀行口座から他人によって預金全額が引き出される危険があります。一時的にこの口座に預金を移してください。そうすれば、安全は政府が保証します」

そんな電話があったとしたら、だまされる高齢者もいそうです。このようにマイナンバー制度が悪いわけではないのですが、制度を悪用した新しい詐欺が発生することは十分に想定できます。

詐欺師グループにとって、高齢者がよくわからないシステムが登場すれば、それは鉱脈を掘り当てたのと同じことなのです。悪知恵を働かせて、必ず人をだますストーリーを考え出すでしょう。

マイナンバーで犯罪に走る人たち

マイナンバー制度の導入によって生活できなくなる人たちが発生することが予想されます。たとえば、犯罪者です。彼らは偽名などを使って潜伏して生活していますから、勤務先から個人番号の提示を求められてもそれに応えることができません。そうなれば、失業して生活の糧が途絶えることになります。

では、彼らはどうするのでしょうか。残された道は1つだけです。犯罪を犯すことによって収入を得るしかないのです。ですから彼らはたとえば、窃盗や強盗、詐欺などで収入を得ようとするでしょう。

また暴力団などの反社会的組織に入り、マイナンバー提示の必要がない収入を得るようになるかもしれません。

犯罪者でなくても多重債務で逃げ回っている人が偽名を使って収入を得ているケースもあるでしょう。その場合、犯罪者ではなかった人が犯罪を犯すことも考えられるのです。

結局は犯罪は減少する？

ではマイナンバー法は犯罪を増加する悪法なのでしょうか。いいえ、それは違います。マイナンバー法は現在ある制度や法律を厳格に適用する制度です。ですから、その枠をはみ出してしまった人たちには、恐ろしい法律になります。

先に述べたような理由で犯罪者や多重債務者たちが一時的に犯罪に走ることは予想できますが、なかには「もう駄目だ」と諦めて警察に出頭する犯罪者も出てくるでしょう。また多重債務者の中には、自己破産などで債務整理し、社会復帰できる人も出るかもしれません。

なにより、マイナンバー制度下では、犯罪者は生きられない社会になるのです。このことが周知されれば、犯罪が割に合わないことが実証され、犯罪は一時的には増加するかもしれませんが、将来的には減少すると考えられるのです。

仮に将来、個人番号に犯罪歴なども関連づけられるようになれば、犯罪者にとっては日本は、ますます住みにくい国になります。そうすれば、当然犯罪も減っていくことになるでしょう。

さらにマイナンバー制度によってどこに誰が住んでいるかが明確になります。このことも犯罪を抑制する意味で大きな効果があると考えられます。とにかくうまく運用すれば、この制度は犯罪を減らすことに大きな力となるのです。

マイナンバー制度はどう変化するか？

平成27年（2015年）10月からマイナンバー法が施行されますが、3年後には、制度の見直しが予定されています。その際に、個人番号の民間利用が検討されることが予想されます。

まずは銀行との紐づけ

政府は、その見直しの際に銀行との紐づけをぜひやりたいと思っているようです。それができるようになれば、個人の資産が把握でき、資産の多い人に税金や社会保障などで多く負担してもらうことができるようになるからです。

今までの制度では、所得は把握できても資産は把握できませんでした。年収200万円で資産100億円の人に課税できなかったのです（利子に対する課税などは無視しています）。これは国民にとっても不公平感がある状態ではないでしょうか。

さらに仮にすべての銀行口座が個人番号で管理されるようになると、誰の銀行口座かが瞬時にわかるので、「振り込め詐欺」を根絶できる可能性があります。

政府は、まず、希望者に銀行口座との紐づけを行い、その後、全面的に行うことを画策しているように思われます。

ATMのサービスが進化

NECは個人番号カードとATMを連動させた新しいサービスを提案しています。それが実現すると、ATMに個人番号カードを置き、カメラで顔認証を行い、暗証番号を入力するだけで新しい銀行口座を作ることができるようになります。

また、引っ越し時には、住所変更、電力会社、ガス会社への通知が同時に、そして瞬時に行えるワンストップサービスが受けられるようになります。

ほかにも、電子私書箱を利用して住民

票などの各種証明書をペーパーレスで送ることもできるようになります。

　また政府はマイナポータルを利用したいけどパソコンがない人のために、端末機を設置する予定ですが、ATMが端末機として利用できれば、便利になるでしょう。

ネット接続に個人番号

　インターネットを使った犯罪が多発しています。闇サイトで知り合った者同士が、強盗殺人を犯した事件もありました。さらには、学校のイジメの温床になったり、掲示板には人を誹謗中傷する書き込みであふれています。出会い系サイトを利用して売春する女子中学生もいます。

　またネット通販で簡単に危険ドラッグが買えたり、爆発物の作り方や自殺の方法、3Dプリンターを使って拳銃を作る方法など犯罪を助長するような情報が氾濫しています。ネット上には無数のウィルスが存在し、いつ感染するかわからない状態です。

　さらにネットオークションでは、買ったのに商品が送られてこなかったり、写真とは別物が配送されたりする事件も起こっています。詐欺商法が横行しているのもネット上です。

　これに対して、警察はサイバー警察を駆使して対応し、民間でも不適正な情報を削除するように努めていますが、追いついていないのが現状です。

　なぜ、このようなことが起こるのかというと、それはインターネットの匿名性にあります。

　韓国では掲示板の書き込みやネットオークションサイトの登録の際には、個人番号が必要です。こういったことを拡大しネット接続に個人番号入力が必須となれば、ネット犯罪は激減するでしょう。

　ただ、ネット社会の利点の1つは匿名性にあるといわれています。それがなくなってしまうのですから、慎重に行わなければならないでしょう。

　しかし、個人番号使用のネット社会と匿名のネット社会を厳格に区分するなどみんなが知恵を出し合えば、きっとよりよいネット社会が実現できるでしょう。

ネット接続に個人番号入力が必要になる
あれっ
×闇サイトでの犯罪
×危険ドラッグの売買
×ネットオークション詐欺
×イジメの温床
犯罪はなくなるが…
ネットの匿名性が損なわれる

個人番号を利用する個人情報の増大

はじめは、税、社会保障、災害対策の3分野にしか個人番号は使えませんが、マイナンバー制度の運用がうまくいくようになると、次第に個人番号が利用される個人情報の量が増えることが予想されます。

政府の考え

では具体的に政府はどんな情報をつけ加えようとしているのでしょうか。じつは、実際には頓挫しましたが、住基ネットがスタートしたあとに、さまざまな情報を組み入れる計画がありました。これを見れば、おおよそ政府の考えが類推できるのではないでしょうか。

まず財務省関係では、金融機関・証券会社・保険会社の口座残高の情報を紐づけする計画でした。さらに不動産所有があるかないか。当然、不動産資産の価値もわかるようにする計画だったのでしょう。

また納税では、延滞があるかどうか、脱税が過去にあったかの記録等も記載される予定でした。まるでクレジットカードのブラックリストのようです。これが実現していたら、融資や商取引の際に、審査の材料になっていたかもしれません。

また、海外に送金しているかどうか、していたらその金額はいくらか。円と外貨をどのぐらい交換しているかなどもわかる仕組みにしようとしていました。そうなると、個人の経済活動が国家に把握されることになります。

次に厚生労働省は、国民健康保険や国

民年金に加入しているかどうかも記載の対象になりました。また家族を含む病歴も組み込む予定でした。

たしかに医療情報をマイナンバー制度に組み込むことは、国民や企業にとって利益があります。病院を転院した際に、カルテ情報が病院間で共有されれば、不必要な検査などはなくなります。

将来的には遺伝子情報が記載されるようになるかもしれません。そうなると、将来発症する病気のリスクなどの情報も共有できるようになり、予防医療にも役立つでしょう。

しかし、保険会社などが病歴などの情報を入手すれば、保険に入れない、保険料が高額になるなどの事態が予想されます。

また、外務省では海外渡航歴の記載を計画していました。これがわかれば、その人がどんな国へ移動していたかがわかります。これによって麻薬や覚せい剤の運び屋やテロリストなどを摘発する手段になる可能性もあります。

犯罪のない国

警察庁では、犯罪歴や自動車・バイクの所有の有無、そして本籍地の記載を計画していました。本籍地を重視したのは、犯罪者がそこに隠れ住むことがあるからです。

じつは前科のある人の再犯率は、法務省が発表した平成26年度版の犯罪白書によると、46・7%でした。つまり犯罪を犯した人の2人に1人はまた犯罪を繰り返しているのです。

ですから警察庁としては、前科のある人をマークすることが犯罪防止に役立つと考えているのです。前科のある人も、自分がマイナンバー制度によって住所や収入を得る方法が警察に把握されているとわかれば、犯罪を犯す確率も低くなると思われます。

□再犯率

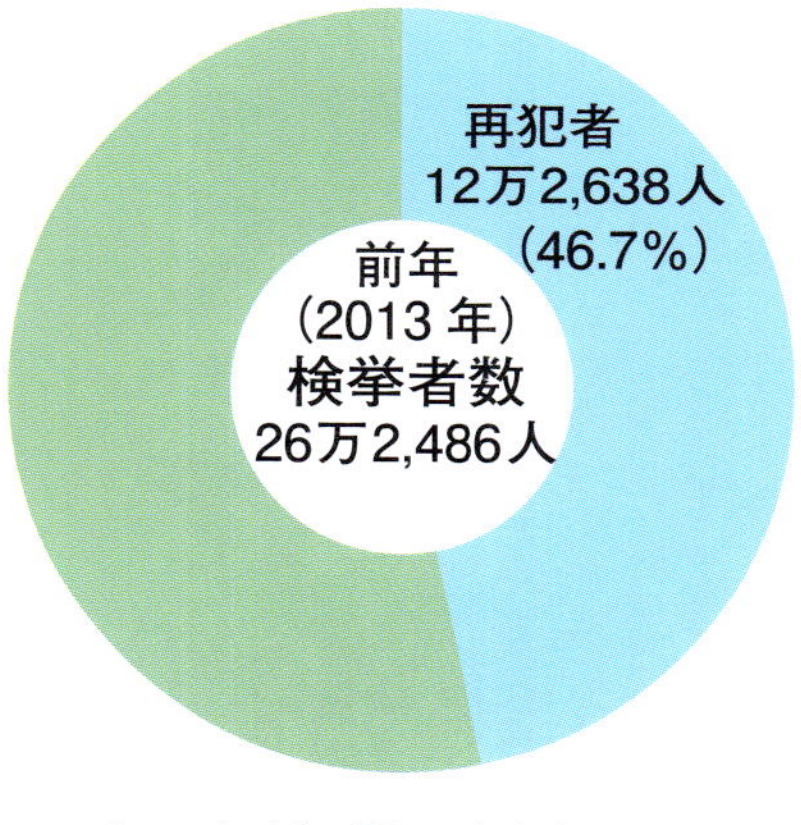

＊平成26年度版「犯罪白書」より

また、殺人などの重大犯罪を犯した人物が自分たちの近くにいるかどうかは、多くの人が知りたいと思う情報です。性犯罪の前科がある人物が自分の子どもが通っている小学校の近くに住んでいることがわかったら、何か対策を講じてほしいと思うでしょう。

個人番号と犯罪歴が関連づけられれば、警察も監視することができ、犯罪の抑制になるでしょう。しかし、大きな問題があります。それは人権問題です。罪を償って出所している以上、前科があっても犯罪者ではありません。まったく普通の市民なのです。それが監視され、あるいは情報が伝われば、就職や人間関係に重大な障害をもたらすことは確実です。犯罪抑制と人権問題、この2つをどう折り合っていくかが今後の課題です。

バラ色の未来予想図

マイナンバー制度の未来は、どうなるのでしょうか。すべてがうまくいってバラ色の未来もあるでしょうし、すべてが失敗する暗黒の未来もあるでしょう。ここでは、まず、バラ色の未来を見ていきましょう。

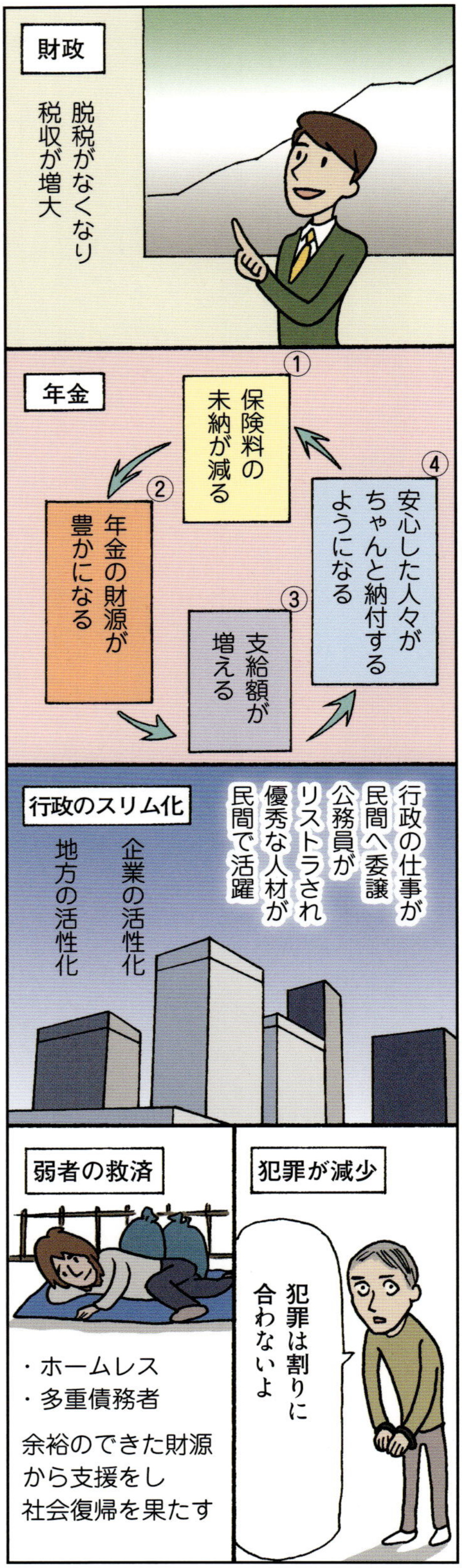
財政
脱税がなくなり
税収が増大
年金
①保険料の未納が減る
②年金の財源が豊かになる
③支給額が増える
④安心した人々がちゃんと納付するようになる
行政のスリム化
行政の仕事が民間へ委譲
公務員がリストラされ
優秀な人材が民間で活躍
企業の活性化
地方の活性化
犯罪が減少
犯罪は割りに合わないよ
弱者の救済
・ホームレス
・多重債務者
余裕のできた財源から支援をし
社会復帰を果たす

国家財政が健全化

マイナンバー制度がうまく稼働し、さまざまな民間利用が行われるようになりました。さらに一元管理によって、すべての個人情報が瞬時にして利用できるようになっています。

脱税は皆無となり、税収は飛躍的に伸びました。また年金の保険料も未納者がほとんどいなくなりました。年金保険料がきちんと徴収されるようになると財源が豊かになり、支給額も増えたために、納付率が高まったのです。

さらに、資産のある富裕層には税金や社会保険料で多く負担してもらいましたが、規制緩和などで起業や投資が容易にできるようになったため、あまり反対は起こりませんでした。このため、年金制度は高齢者の老後を支えるための最低限の収入を確保できるようになりました。

生活保護や雇用保険の不正受給も皆無になり、国家財政は借金も減り、健全化しました。不公平感がなくなったので、自分だけが得しようという風潮がなくなり、社会貢献を考える人が増えました。

行政のスリム化

行政がスリム化して国家予算が大幅に削減できるようになりました。人員も削減でき公務員の数は減りました。

行政の縦割りが解消されはじめ、官僚にとってではなく国民にとって仕事がやりやすい社会になってきました。

従来行われていた役所での手続きはほとんどATMなどの端末機でできるようになったので、地方自治体の施設も減り、民間利用がなされ街に活気が出てきました。

行政がスリム化されると役所の権限が自然と民間に委譲されるようになり、民間の仕事が増えて市場は活気を呈するようになりました。さらにキャリア官僚や公務員の数が減ったので、優秀な人材が民間企業に流れ、新しい事業やベンチャー企業の起業が盛んになりました。

犯罪が減少

犯罪も減少しました。国内でのインターネット犯罪は根絶され、イジメや不正売買もなくなりました。逃亡していた犯罪者も出頭するようになりました。銀行口座がマイナンバーと紐づけされたので、振り込め詐欺もなくなったのです。

また犯罪者が生活できる範囲が狭まったので、経済的なメリットがなくなった犯罪に手を染める人も減りました。

前科のある人は警察の監視下に置かれるように法改正がなされましたが、GPS機能を個人番号カードに搭載したために、周囲の人には監視していると気づかれず、前科があっても普通に暮らせるのです。

情報の保護

心配されていた情報の漏えいは、もちろんゼロではありませんが、データの暗号化や異常があったときに自動的にインターネットが遮断されるシステムの構築、あるいは何重もの防護システムによって、被害は最小限に抑えられています。

セキュリティが厳重になると、それを破るためには時間もお金もかかります。結局、費用対効果面であまり儲からないことがわかって不正アクセスやウィルス感染は劇的に減少したのです。

さらに、勤勉な日本人が総力を結集して構築したシステムは海外でも評判となって、リニアモーターカーや新発電システムと並んで、輸出の要となっています。これは資源のない日本にとって未来産業になるでしょう。

生活の利便性

マイナンバー制度は生活を大いに便利にしてくれています。高齢のAさんはATMで家賃から電気、ガス、水道、通信費など一度の操作で支払いを終えました。すると、マイナポータルによって自宅から一番近い公民館で健康体操の無料レッスンが受けられるという情報が知らされてきました。Aさんは自分の健康情報を個人番号と関連づけているために、お得な情報が自動的に伝えられたのでした。

初めは敬遠気味だった病歴や健康情報の記載でしたが、倒れて救急搬送された人の健康情報が救急車内で瞬時にわかるため、病院ではそれに合わせた治療が準備できるようになり、救命率が飛躍的に高まったという話を聞いてAさんも、健康情報と個人番号を関連づけたのです。

主婦のBさんは、家族それぞれの健康情報を個人番号と関連づけているために、個人番号カードをパソコンにさらすだけで、家族の健康に最適な夕食メニューのレシピを受け取ることができました。それと連動して材料もネットスーパーに自動的に発注されるのです。

学生のC君は、就職活動はまったくしないで内定をもらうことができました。個人番号を就職希望の法人番号に登録しておいたら、C君のことを知った企業の人事担当が「採用したい」と連絡してきたのです。C君は大学でも研究内容なども動画などに記録しておき、個人番号と関連づけて、自己アピールしたのでした。

弱者の救済

マイナンバー制度によって不利益をこうむった人もたくさんいました。個人事業主や零細企業は、社会保険料や情報保護の費用がかさみ、廃業や倒産寸前にまで追い込まれました。

しかし、こういった人たちのために確保しておいた財源が役に立ちました。個人事業主や零細企業は低利で融資を受けられ、なんとか事業を継続することができたのです。

多重債務者やホームレスの人たちもマイナンバー制度導入という逆境にあいましたが、この財源によって生活支援を受けることができ、多くの人が社会復帰できたのです。

こうしてマイナンバー制度導入がきっかけとなり、バラ色の社会が実現しようとしています。

＊ この内容はマイナンバー制度がすべて良い方向に働いた場合の未来予測(フィクション)になります。

暗黒の未来予想図

では最悪のシナリオはどういうものでしょうか。暗黒の未来予想図も見ていきましょう。

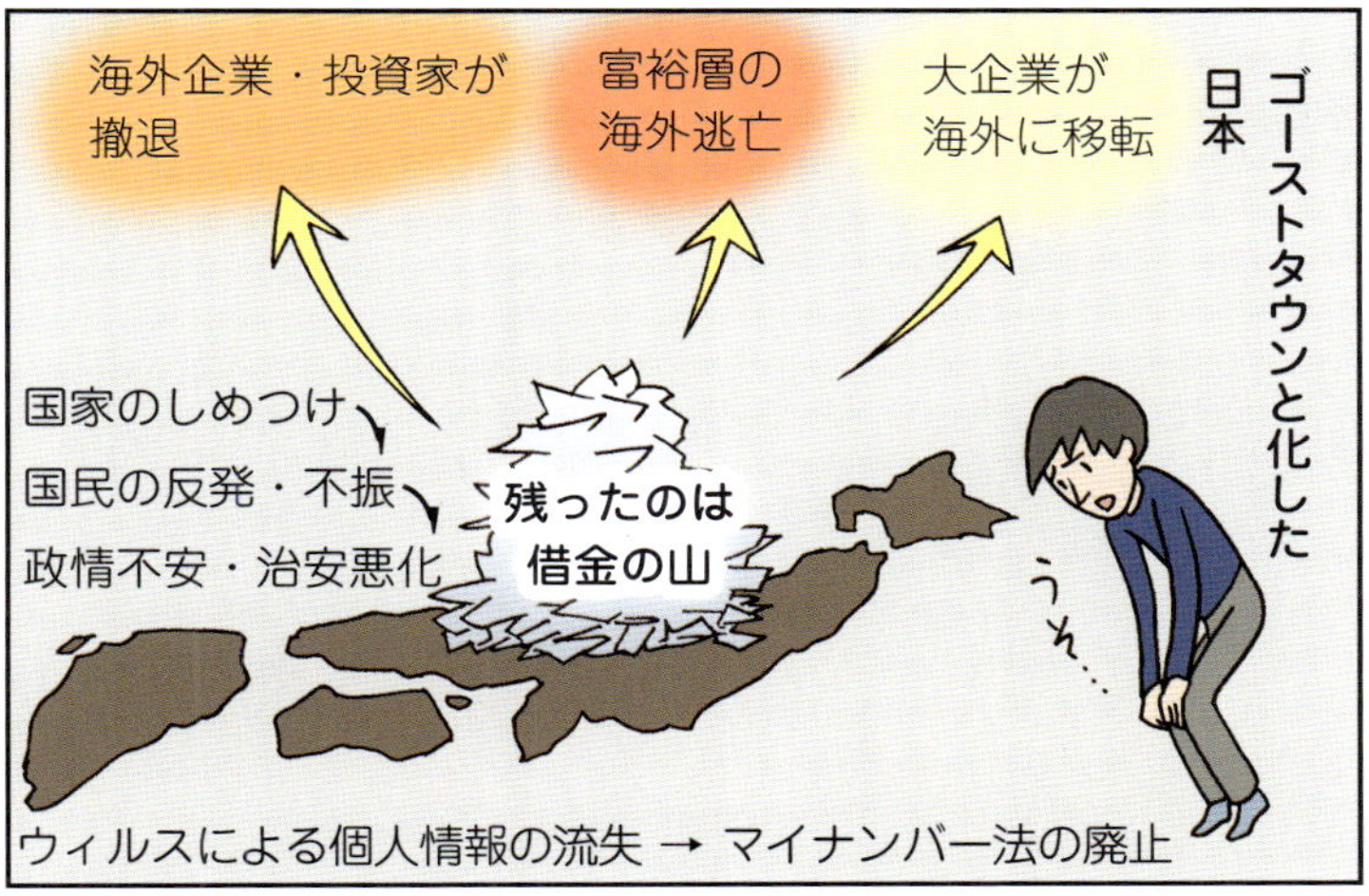

国家財政は破綻

まず、国家が国民個人の資産を把握し、税や社会保険料の徴収を行ったのですが、強引な手法が人々の反感をかい、国会前はマイナンバー法撤廃を叫ぶ人々であふれています。政府への反感から年金保険料の不払い運動が高まって未納率はかえって増えることになりました。しかし未納者が多すぎて取り締まることもできません。

日本の政情不安が影響して外国人の投資家は日本の株から手を引き始め、海外企業も次々と日本から撤退していきます。大きな財源となっていた外国からの観光客も激減しています。

財政が逼迫した政府は、ついに預金封鎖に踏み切りました。個人番号と銀行との紐づけによって政府が個人の資産を把握していましたので、手っ取り早く、富裕層から資産に見合った税金をとろうと考えたのです。

しかし、富裕層の人たちは、ずっと警戒していました。以前から検討されていた「出国税」がすでに施行されていたので、富裕層はこれ以上何かあったら資産を外国へ移し、自分や家族も移住する準備をしていたのです。

出国税というのは、海外に転居する際、もし持っている株式を売った場合に出るであろう利益に対して課税する仕組みです。これに対して富裕層は以前から猛反発していたのです。

そのために法律が成立する前に富裕層はこぞって海外に逃げてしまい、国内の資本は空洞化してしまいました。結局、預金封鎖は国民の反感を増しただけで終わってしまったのです。

大企業もこんな状態の日本に見切りをつけて次々と拠点を海外へ移していきます。そのため法人税収入まで激減しました。

◉行政の肥大化

そもそもマイナンバー制度は行政のスリム化が目的だったにもかかわらず、人員や経費はますます増えたのでした。行政側は、「マイナンバーのシステム導入に予想外の費用がかかる」「個人情報を保護するためには、これだけの費用が必要だ。もし金を惜しんで情報漏れが起きたときに責任は誰が取る」と膨大な予算を要求します。それは地方自治体も同じでした。

しかし、膨らんだ予算や人員はその後も削減されることはありませんでした。一度手にした既得権は絶対に手放さないという役人体質が露わになったのです。こうして収入は減るが支出は増えるといった状況で財政は破綻寸前となりました。海外からの借金が増大して国の信用は失墜し、国債は誰も買ってくれなくなりました。

マイナンバー制度を定着させるために次々と作られた独立行政法人は、キャリア官僚たちの天下り天国となりましたが、あまりにさまざまな問題が次々に噴出するので、マスコミは取り上げている余裕がなくなり、野放し状態です。

◉犯罪が横行する

国内の混乱に乗じて犯罪も増えました。収入の道を断たれた逃亡犯罪者や多重債務者はコンビニなどを襲って逮捕され、刑務所は定員をはるかに越えました。

高齢者を狙った「なりすまし犯罪」の被害件数はアメリカに迫るほどでした。また犯罪組織がホームレスから個人番号カードを買ったり偽造したりして、闇の個人番号カードが流通しています。

犯罪者はもちろんですが、一般の市民でさえ、これを購入しています。個人番号を複数持っていると国家からの監視や規制から逃れることができるからです。

殺人などの重罪の前科がある人の個人情報が流出し、近所の人々から暴行を受ける事件も多発しています。

◉個人情報の流出

このように国が疲弊しているときに、大変な事件が起こります。国民の大半の個人情報がウィルス感染によって流出したのです。韓国では2011年に、総人口の7割にあたる3500万人分の「マイナンバー」情報が流出しましたが、それ以上の事件となりました。

しかもこのときには、さまざまな民間

利用が行われるようになっていて、一元管理によってすべての個人情報が1カ所に集中していたのです。

ですから大変な被害が起きました。知らない間に銀行預金が下ろされていたり、年金や生活保護、雇用保険や労災保険で不正申請と手続きが別人によってなされました。クレジットカードも勝手に使われて自己破産する者が続出しています。誰もが疑心暗鬼になって人を信じない風潮がますます日本を住みにくくしてしまったのです。

◉弱者の切り捨て

経済的基盤の弱い個人事業主や零細企業は社会保険料や情報保護の費用がかさみ次々と廃業や倒産に追い込まれていきました。これによってドミノ倒しに連鎖倒産が起こり、日本を底辺で支えていた零細企業は壊滅状態です。

また、あまりに情報流出事故が多いので、政府は厳罰主義になり、その事業者ができるかぎりの情報保護をしていても、有罪、実刑判決が下されるようになりました。まさしく第2次世界大戦前の恐怖政治の復活です。

そしてついに衆議院が解散となりました。選挙の結果、政権党は惨敗し、野党が政権を握ります。そしてマイナンバー法は天下の悪法として廃止されたのです。

しかし日本は疲弊から立ち直れませんでした。主要産業は海外へ移転し、富裕層が持っていた資産も今は海外に所有されています。日本は産業も資産も失い、さらに海外からの信用もなくなりました。残されたのは膨大な借金と荒廃した人心だけでした。

＊ この内容はマイナンバー制度がすべて悪い方向に働いた場合の未来予測（フィクション）になります。

マイナンバーQ&A【PART 3】

―その他―

Q01 民間利用など個人番号の利用範囲が拡大することはあるのでしょうか？

A01 あります。平成30年（2018年）10月を目途に、利用範囲をどうするかが検討され、拡大される可能性があります。

そのときに、医療履歴を情報として個人番号カードに記載したり、銀行口座を開設するときに個人番号を提示することが義務づけられたりすることなどが考えられています。

Q02 個人番号が足りなくなることはないのでしょうか？

A02 個人番号は12桁の番号です。ですから「000000000000」から「999999999999」までの番号が使えるとしたら、組み合わせで1兆の番号があることになります。現在の日本の総人口は2015年現在1億2843万人ほどなので、十分に対応でき、足りなくなることはありません。

Q03 多重債務などで逃げていて偽名で生活している人はどうなるのでしょうか？

A03 偽名を使って一般の社会生活を送ることはできなくなります。マイナンバー法施行後は、偽名では生活手段が閉ざされてしまうことになります。

貯蓄があれば生活できるでしょうが、収入がないと生活できない人はどうにもなりません。無料法律相談所などに相談して、多重債務があっても債務整理などをして社会復帰できる方法を実行するしかありません。

Q04 特定個人情報とは何でしょうか。具体的にどんな情報があるかを教えてください。

A04 特定個人情報とは、一般的に「個人番号をその内容に含む個人情報」と説明されますが、具体的には、どんなものを指すのでしょうか。個人番号が記載された「確定申告書」や「源泉徴収票などの法定調書」「年金や生活保護、雇用保険の申請書」「国税庁や日本年金機構に保有されているデータ」などです。住民票の情報も含まれています。書面であってもデータであっても特定個人情報になります。

Q05 行政機関や地方自治体では情報の連携は平成28年

1月からすぐに行われるのですか？

A 05 国の行政機関などでは平成29年1月から、地方自治体では平成29年7月から情報連携が始まります。マイナポータルの利用は、平成29年1月から利用できる予定です。

Q 06 個人事業主や企業が平成28年初頭に各市区町村に送付する給与支払報告書には個人番号を記載するのでしょうか？

A 06 平成28年1月に各市区町村に送付する給与支払報告書は、前年のものなので個人番号は記載しません。

Q 07 夫に内緒の借金がある場合、バレてしまいますか？

A 07 マイナンバー制度では、まだ民間利用は行われていませんから、バレることはありません。クレジットカードなどに個人番号が利用されるようになるとバレる可能性も出てきますが、今はありません。

Q 08 消費者金融が個人番号の提示を要求することはありますか？

A 08 ありません。もしあったとしたら、それは法律違反です。

Q 09 もともと住基ネットという制度があるのにマイナンバー制度が導入されるのはなぜですか？

A 09 一番の理由は、住基ネットが住民基本台帳法によって利用範囲が制限されているためです。政府は将来、個人番号の民間利用など、利用範囲を拡大しようと考えています。ですから、住民基本台帳法に縛られている住基ネットを使うためには住民基本台帳法を改正しなければなりません。それより新しい制度を作ったほうがいいという判断があったと考えられます。

また住基ネットは、プライバシー侵害で違憲ではないかという訴訟が大阪地裁、金沢地裁などで次々と起こされていて、平成20年には最高裁で合憲判決を勝ち取ったものの、イメージが大変悪いということもあります。さらに、10年を経てもカード利用者が5％台という結果になっているので、この失敗政策を継続するのは困難だったからだともいわれています。

Q 10 個人番号を教えてくれと強要された場合はどうしたらいいでしょうか？

A 10 マイナンバー法の規定以外で個人番号を聞くことは禁じられています。ですから断るべきです。

人を欺き、暴行を加え、または脅迫することや財物の窃取、施設への侵入、不正アクセス行為などにより個人番号を取得した人は、3年以下の懲役または150万円以下の罰金になります。

このことを伝えれば、相手は退散してくれるでしょう。もしダメなら、個人番号に関するコールセンターがありますので、そこに相談するのも一案です。

Q11 個人番号を使わないで生活することはできますか。

A11 収入がなくても預貯金などで生活できる人は可能です。また誰かに完全に依存して生活している人も可能です。しかし、社会保障は受けられなくなるので生活しづらいといえるでしょう。

Q12 自分の個人番号を人に言いふらしたら罪になるのでしょうか?

A12 政府は自分の個人番号を不用意に人に教えないように勧告しています。しかし、自分の個人番号を人に言いふらしても罪にはなりません。

Column ❷

ギリシアのように預金封鎖はあり得るか!?

マイナンバー制度によって銀行などにある預貯金が国家に把握され、最終的には預金封鎖となって、国家に預貯金を取られてしまう。こういったシナリオを想定してマイナンバー制度に反対している人たちも多くいます。しかし、本当にそのようなことが起こるのでしょうか。

ギリシアでは、２０１５年7月に、ＥＵの提案する財政引き締め案が国民投票によって否決され、混迷しています。また1日に銀行から引き出せる金額は、**日本円で８０００円程度に制限**されました。預金封鎖→富裕層の資産に対する高額税金→政府が一時的に破綻を逃れる…といった最悪のシナリオが現実味を帯びてきています。

このギリシアの借金はいくらぐらいなのでしょうか。ロイター通信によると、２０１５年6月時点の借金は、日本円で33兆５００億以上とのことです。ギリシアの人口は１１６０万人ほどですから、借金を1人当たりに換算してみると、２８８万円ほどになります。

それに対して、現在の日本の借金は１０００兆円以上です。それを人口の1億２７００万人で割ると、1人当たりの借金は８００万円ほどになり、ギリシアの3倍もの額にのぼります。

では、ギリシアの財政破綻が取り沙汰されているときに、なぜ日本は安穏としていられるのでしょうか。いろいろな要素はありますが、一番の要因は借金の相手の違いです。外国からお金を借りているギリシアと違い、日本は主に国内で借金しています。日本の国債を買っているのは、9割以上が国内の銀行なのです。

こういった事情を考えると、日本で預金封鎖がなされる可能性は、現時点ではゼロに近いと言えるでしょう。預金封鎖をして国民の財産を強制的に徴収すれば、国は崩壊します。そんなことは、国も国民も望んではいないのです。

終戦直後の預金封鎖とそれに伴う富裕層の財産没収は、占領下で行われた政策であり、これを現代にそのまま持ち込んで議論するのは暴論ともいえるでしょう。しかし、将来にわたって絶対にあり得ないということではありません。私たち国民が政府を監視することで、預金封鎖のような人権を無視した政策をさせないようにしなければなりません。

■監修者紹介

マイナンバー普及研究会

弁護士、税理士、社会保険労務士などの資格を持つメンバーで、マイナンバー制度についての情報を集め、執筆・監修などの活動を行っている。現状、一般個人向けのマイナンバー制度についての本が少ないなか、「わかりやすく」「理解しやすい」情報を伝えることを信条としている。

執　筆／北田瀧

編集協力／ユニバーサル・パブリシング株式会社

DTP協力／有限会社ファー・インク

カバーデザイン／オグエタマムシ（ムシカゴグラフィクス）

イラスト／JERRY（トリゴエリュウイチ）　ながさわとろ（ユニバーサル・パブリシング）

みんなが知《し》りたかった！マイナンバーで損《そん》する人《ひと》　得《とく》する人《ひと》

2015年8月10日　初　版　第1刷発行
2015年9月10日　　　　　第3刷発行

編著者　ＴＡＣ出版編集部
発行者　斎藤博明
発行所　ＴＡＣ株式会社 出版事業部
（TAC出版）

〒101-8383　東京都千代田区三崎町3-2-18
電 話 03（5276）9492（営業）
FAX 03（5276）9674
http://www.tac-school.co.jp

組　版　ユニバーサル・パブリシング株式会社
印　刷　株式会社 光邦
製　本　株式会社 常川製本

ISBN 978-4-8132-6219-0